IL MONDO DI LAVANDA
TESTO: RAFFAELE CAPASSO
PROGETTO GRAFICO: RAFFAELE CAPASSO
FOTO E ILLUSTRAZIONI: PIXABAY & CANVA

I0790320

INDICE DEI CONTENUTI

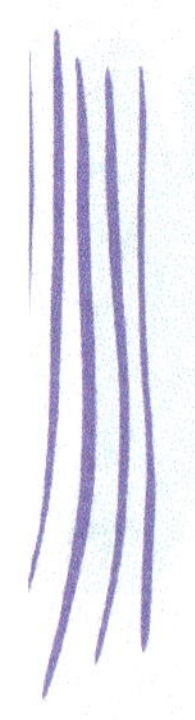

Rilassati e lasciati avvolgere dall'aroma della lavanda: il libro che profuma di benessere!

INTRODUZIONE

Ciao a tutti! Siete pronti ad immergervi in un mondo di profumi, colori e benefici per il corpo e la mente? Allora questo libro è sicuramente per voi! Oggi voglio parlarvi della lavanda, una pianta meravigliosa dalle mille proprietà benefiche.

La lavanda è una delle piante più amate e utilizzate in tutto il mondo per le sue proprietà terapeutiche e aromatiche. Il suo profumo delicato e rilassante è capace di calmare l'ansia e lo stress, mentre le sue proprietà antinfiammatorie e antiossidanti sono ideali per la cura della pelle e dei capelli.

Ma la lavanda non è solo una pianta aromatica. Ha una storia antica e affascinante che si intreccia con la cultura e la tradizione di molte civiltà. Dalla sua origine in Asia centrale, la lavanda è stata utilizzata in Egitto e poi nell'antica Grecia e Roma per la cura della salute e della bellezza.

In questo libro, vi condurrò alla scoperta della lavanda, dalle sue origini alla coltivazione, alla raccolta e alla lavorazione delle sue essenze. Imparerete come utilizzare la lavanda per la cura della pelle, dei capelli e della salute, e scoprirete come creare i vostri prodotti di bellezza naturali a base di lavanda.

Ma non è tutto! Vi mostrerò anche come utilizzare la lavanda per la pulizia della casa e come inserirla nella vostra routine quotidiana per migliorare la vostra salute e il vostro benessere.

Siete pronti per un viaggio nella meravigliosa terra della lavanda? Allora, non esitate! Questo libro è perfetto per chiunque ami la natura, la bellezza e la cura di sé.

LA STORIA DELLA LAVANDA

La lavanda (Lavandula) è un genere di pianta appartenente alla famiglia delle Lamiaceae, originario delle regioni montuose del Mediterraneo e dell'Asia occidentale. Esistono circa 47 specie di lavanda, che differiscono per dimensioni, forma, colore dei fiori e proprietà aromatiche. La lavanda è una pianta perenne che cresce in modo naturale in terreni aridi e calcarei, con esposizione al sole diretto.

La pianta ha foglie grigio-verdi lineari e fiori che possono essere viola, blu, rosa, bianchi o gialli, a seconda della specie. I fiori della lavanda hanno un aroma intensa e sono molto apprezzati per le loro proprietà aromatiche.

La lavanda è una pianta dall'incredibile storia che ha affascinato le persone per secoli. Con le sue foglie grigio-verdi e i suoi fiori viola o blu, la lavanda è stata coltivata e utilizzata per le sue proprietà medicinali, aromatiche e culinarie sin dai tempi antichi.

La storia della lavanda è spesso trascurata, ma è un elemento cruciale in molte culture, passate e presenti. La lavanda è stata utilizzata in vari modi sin dalle sue origini, quasi duemila anni fa!

Originaria delle regioni montuose del Mediterraneo, la lavanda ha una lunga storia di utilizzo nella medicina tradizionale per alleviare problemi di stress, ansia e insonnia. Le sue proprietà calmanti sono state anche utilizzate per lenire il mal di testa e alleviare il dolore.

Nel corso dei secoli, la lavanda ha anche guadagnato popolarità come ingrediente per profumi e prodotti per la cura della pelle. L'olio essenziale di lavanda, ottenuto dalla distillazione dei fiori, è un ingrediente comune in molti prodotti per la cura del corpo, dalle lozioni per le mani ai deodoranti.

La lavanda è stata utilizzata per le sue proprietà aromatiche e terapeutiche sin dai tempi antichi. In Egitto, la lavanda era utilizzata per la mummificazione e veniva anche utilizzata come profumo per i bagni e gli oli da massaggio.

Nella Grecia antica, la lavanda era utilizzata per la pulizia e il profumo degli ambienti, nonché per la cura di ferite e malattie. I soldati romani portavano la lavanda nei loro bauli durante le campagne militari, utilizzandola per le sue proprietà curative e lenitive.

Durante il medioevo, i monaci europei coltivavano la lavanda nei loro orti e la utilizzavano per produrre oli, unguenti e profumi per uso liturgico e medico.

La lavanda divenne particolarmente popolare in Francia durante il regno di Carlo VI nel 14 ° secolo, dove veniva utilizzata come ingrediente in profumi e prodotti per la cura del corpo.
Nel 16 ° secolo, la regina Elisabetta I d'Inghilterra utilizzava l'acqua di lavanda per detergere il viso e la pelle.

Durante l'Ottocento, la lavanda continuò ad essere utilizzata per la produzione di profumi e prodotti per la cura del corpo. Nel corso del tempo, la lavanda divenne popolare anche nell'industria del sapone e della candela.

Anche i vittoriani usavano la lavanda per il suo profumo e le sue proprietà antisettiche, e da allora è diventata un ingrediente fondamentale per l'aromaterapia, la medicina, i rimedi di bellezza e persino la cucina. In Inghilterra, la lavanda è un dono tradizionale per chi riceve la prima comunione e per i matrimoni.

Oggi la lavanda viene utilizzata in una miriade di modi e si trova in cosmetici, candele, oli essenziali, tè e persino nei cibi. Il suo profumo rilassante e le sue proprietà antisettiche continuano a renderla una scelta popolare per chi vuole rilassarsi e distendere la mente, utilizzata anche, per le sue proprietà aromatiche e terapeutiche, sia nella medicina alternativa che in quella tradizionale. La lavanda è anche utilizzata in cucina per conferire un aroma delicato a dolci e piatti salati.

LA PIANTA
DELLA LAVANDA

La lavanda è probabilmente originaria dell'India o della Persia, come credono molti botanici, ma in realtà ha trovato un habitat ideale sulla costa mediterranea. La lavanda ama soprattutto i climi secchi e i terreni calcarei e si adatta facilmente ai pendii montani, alle colline e alle basse montagne. Predilige il sole, ma non tollera bene il freddo.

Nel corso degli anni, l'intervento naturale e umano ha dato vita a molte specie diverse di lavanda, ognuna con le proprie caratteristiche distintive. Molte specie diverse Secondo la classificazione botanica, la lavanda ("Lavandula") appartiene alla famiglia delle Lamiaceae (dette anche Labiateae, cioè piante a fiore spugnoso). Il nome comune "lavanda", con cui siamo abituati a chiamare queste piante, è stato introdotto nella lingua italiana dal latino. Più precisamente, deriva dal verbo latino "lavare", un nome generico che indica l'uso diffuso nei bagni pubblici e privati, per la cura e la pulizia del corpo durante l'Impero Romano e il Medioevo.

Esistono 25-30 specie di piante del genere Lavandula, che si sono differenziate nel tempo in seguito all'acclimatazione in diversi Paesi e alla selezione umana. Caratteristiche comuni. Tutte le specie di lavanda sono perenni arbustive sempreverdi che non superano il metro di altezza. I rami diventano legnosi solo alla base e i germogli sono legnosi e appassiscono dopo la fioritura.

Le foglie sono generalmente allungate, lanceolate, di colore grigio-verde, spesso pelose e più o meno vellutate. Da giovani sono argentee, ma diventano verdi con la crescita. Le ghiandole che secernono olio profumato si trovano in tutte le parti della pianta che crescono dal terreno, ma sono particolarmente abbondanti nei fiori, che sono la parte più profumata e preziosa della lavanda. L'infiorescenza è sostenuta da un lungo stelo e ha la forma di una spiga di fiori. Ogni spiga contiene un numero diverso di fiori, ognuno con un aroma unico che varia da specie a specie (da delicato e dolce a molto pungente e canforato). Il colore dei fiori di lavanda è quello tipico che si vede spesso nelle immagini delle aree coltivate, ma in altre varietà meno comuni varia dal rosa molto pallido al lilla, dal viola al viola scuro e dal blu pallido al blu. Nel Mediterraneo la fioritura avviene di solito da giugno ad agosto, ma soprattutto in luglio e agosto. Il frutto della lavanda, botanicamente noto come "seme-podio", contiene solo un piccolo seme all'interno.

LAVANDA: UNA GRANDE FAMIGLIA

Oltre agli aspetti comuni alle diverse specie di lavanda, esistono anche differenze fondamentali che distinguono i diversi tipi di piante da fiore e sono importanti per determinarne le qualità e le possibilità in campo terapeutico e cosmetico.

Poiché esistono molte specie di lavanda, alcune delle quali hanno nomi diversi, si crea confusione ed è difficile per un non specialista sapere di quale specie stiamo parlando.

Per questo motivo, è utile fare alcune distinzioni di base, elencando le principali specie di lavanda e aggiungendo sottosezioni interne e altre specie meno comuni.

Innanzitutto, è bene ricordare che le specie più importanti e comuni sono la Lavanda bella, la Lavanda spigo e la Lavanda stoeca, conosciute anche con altri nomi. C'è poi la lavanda ibrida (chiamata lavandina), che è il risultato di un incrocio naturale tra lavanda vera e lavanda spigo e si diffonde molto rapidamente. Oltre a queste specie, esistono specie secondarie originarie di diverse zone del Mediterraneo.

Lavandula angustifolia: "vera lavanda"

Ecco le principali varietà di lavanda, la prima e più pregiata delle quali è la varietà selvatica. Si tratta della "Lavandula angustifolia", nota anche come "Lavandula officinalis" o "Lavandula vera". Viene comunemente chiamata lavanda vera o lavanda fine. Probabilmente si è sviluppata spontaneamente nei paesi mediterranei da piante importate da altri paesi. Cresce bene nei climi mediterranei ma si è adattata più a nord, soprattutto nel Regno Unito, dove viene chiamata "lavanda inglese" per distinguerla dalle varietà più "mediterranee" e delicate. Al giorno d'oggi, la vera lavanda è coltivata sia allo stato selvatico che in coltura. È nota per le sue foglie sottili, conosciute fin dall'antichità e presenti in tutta la letteratura sulla lavanda. Nella sua forma selvatica cresce su terreni magri. Tollera bene il freddo e predilige i terreni delle zone montane, da poche centinaia di metri fino a oltre 1.400 metri di altitudine. La vera lavanda si trova solitamente in ambienti secchi e su terreni calcarei. In Italia cresce spontaneamente in Liguria (Alpi Marittime), in Piemonte, sulle coste della Toscana, a Salerno e nel Pollino.

È comune anche in Provenza e in Inghilterra. Tutte le parti verdi sono ricoperte da una fitta peluria. Gli steli fiorali sono corti e non ramificati e le spighette sono molto varie per forma e colore, dal lilla al viola, a volte con sfumature blu.

L'olio essenziale migliore si estrae dai fiori della lavanda vera, che possiede le più ricche proprietà medicinali ed è ufficialmente riconosciuta per un'ampia gamma di proprietà terapeutiche. Tuttavia, l'olio è notevolmente più costoso, in parte perché la quantità di essenza estratta dai fiori selvatici è inferiore a quella dei fiori coltivati o di altre specie.

Per produrre 1 kg di essenza sono necessari più di 150 kg di fiori selvatici. Il profumo è particolarmente delicato e dolce grazie al basso contenuto di canfora. La vera lavanda non selvatica può essere coltivata ad altitudini inferiori e in montagna; per ottenere 1 kg di olio essenziale si lavorano circa 130 kg di spighe di fiori. L'olio essenziale che ne deriva è tuttavia estremamente prezioso. Può essere utilizzato per trattamenti e aromaterapia.

Sono disponibili in vendita diverse specie. Esistono molte specie di Lavandula angustifolia disponibili in commercio, alcune delle quali sono ampiamente coltivate dal pubblico.

La lavanda 'Hidcote', dai fiori blu-viola, è particolarmente nota. Seguono 'Alba', con fiori bianchi, 'Nana Alba', con foglie grigio-argentee e fiori bianchi, e 'Nana Alba', con fiori bianchi.

Lavandula latifolia: lo spigo

La Lavandula latifolia è chiamata anche "Lavandula spica" o, più semplicemente, lavanda spica, spigo o nardo. Viene anche chiamata "lavanda maschio" e "lavanda grande". Questo nome generico deriva dal fatto che le sue foglie sono più larghe della vera lavanda e le parti legnose della pianta, soprattutto l'arbusto, sono più grandi. Le foglie sono anche più spesse e cuneiformi di quelle della lavanda vera piatta. Gli steli sono lunghi e possono portare diverse infiorescenze. Questo tipo di lavanda era molto comune e coltivato fino alla comparsa della lavanda ibrida, o "lavandin". La lavanda spigo predilige climi caldi e terreni asciutti e calcarei.

È tipica della regione mediterranea ed è più sensibile al freddo rispetto alla lavanda vera. In Italia cresce spontaneamente in Liguria, Toscana, Umbria, Abruzzo e Marche fino a 1.000 metri di altitudine. Fiorisce in agosto e i suoi fiori blu hanno un odore molto intenso e pungente dovuto all'alto contenuto di canfora. A causa del contenuto di canfora, l'olio essenziale ottenuto dai fiori di questa specie ha un odore un po' pungente, ma è utile come rimedio per le malattie bronchiali e alcune infezioni. L'essenza di Lavandula latifolia è utilizzata soprattutto nell'industria cosmetica, ma anche in profumeria e nei repellenti per insetti. L'olio di nardo è stato usato per secoli come solvente per la pittura su porcellana, in quanto stende bene la vernice e la fa aderire alla porcellana durante la cottura.

Lavandula hybrida: "lavandino"

La maggior parte della lavanda che si trova oggi nel paesaggio provenzale non è in realtà lavanda, ma una specie strettamente correlata creata dall'ibridazione di due piante, chiamata "lavandina" (dal francese "lavandin") o "lavandin". Si tratta di un ibrido creato dalle api mescolando il polline della lavanda con quello della lavanda spica, ottenendo una nuova pianta diversa, più grande e con una maggiore produzione di olio essenziale. Questa pianta è stata chiamata "lavanda bastarda" o "lavanda grande" perché è comparsa nelle zone in cui le due specie di lavanda coesistevano nei primi decenni del secolo scorso. In seguito, la scienza l'ha riconosciuta come una nuova specie e l'ha chiamata Lavandula intermedia o Lavandula hybrida.

La Lavandula hybrida è una pianta molto resistente, più grande e sviluppata in altezza e diametro rispetto alle altre specie, con steli robusti e molte spighette. La fioritura dura più a lungo, da giugno ad agosto, e i fiori sono più grandi, per cui è possibile estrarre una maggiore quantità di essenza; il numero di fiori necessari per estrarre 1 kg di olio essenziale è di soli 70 kg. La coltivazione del lavandinum si rivela quindi molto conveniente per i produttori di fiori e di essenze. Per questo motivo, la lavanda ibrida viene coltivata al posto di altre specie sulle colline della Provenza e in tutte le regioni in cui la lavanda è coltivata in modo intensivo (ad esempio in Liguria). L'olio essenziale derivato dalla lavanda è utilizzato principalmente nell'industria dei profumi, ma alcune specie producono anche un'essenza che viene utilizzata come agente terapeutico grazie alle sue ricche proprietà medicinali. Per la propagazione si utilizzano le talee e dai rami degli alberi maturi si fanno crescere nuove piantine.

Alcune specie di lavanda ibrida:

La coltivazione intensiva ha dato origine a diverse specie ibride di lavanda; eccone due.

Lavandino Grosso: prende il nome dallo scopritore, non dalle dimensioni della pianta;

Lavandino Super: è più ricca di componenti preziosi rispetto alle altre lavande ibride, ma ne contiene molti meno rispetto alla lavanda vera. I suoi fiori hanno un profumo molto gradevole e non contengono molta canfora.

Lavandino super

Lavandino grosso

Lavandula stoechas: "lavanda marittima"

La Lavandula stoechas, spesso chiamata anche lavanda di mare o lavanda stoechas (o steka), era conosciuta nell'antichità. A volte viene anche chiamata steka. Questo tipo di lavanda cresce di solito vicino al mare e preferisce i terreni sabbiosi caldi con un alto contenuto di silice ai terreni calcarei. Teme il freddo. Alta circa 0,5 m, ha foglie grigio-verdi e sottili, densamente ricoperte su entrambi i lati da peli bianchi e vellutati. I fiori sono disposti in spighette, con un unico grappolo di brattee viola in cima. Le brattee sono foglie colorate che rimangono dopo la caduta dei fiori, caratteristica della lavanda di Stoeck. I fiori sono generalmente di colore lilla, sbocciano dalla primavera all'estate e hanno un forte aroma canforato piuttosto pungente. Per il suo contenuto di canfora, l'olio essenziale è stato tradizionalmente utilizzato come rimedio per l'asma, la bronchite e il raffreddore, disperdendolo negli ambienti interni quando viene emesso il vapore.

Diverse sottospecie

La Lavandula stoecas ha molte sottospecie, ognuna con un aspetto caratteristico.

Tra queste vi sono la *Caliensis*, la *Sampireana*, l'*Atlantica* e la *Pedunculata* (caratterizzata da brattee e orecchiette floreali colorate molto grandi).

La Lavandula viridis, invece, presenta grappoli di brattee verdi all'apice della spiga floreale.

Altre varietà di Lavanda: Spagnole e Africane

Oltre alle lavande presenti oggi, esistono molte varietà meno comuni e meno conosciute. Lavandula angustifolia, Spica e Stoecus hanno molte sottospecie e sono caratterizzate dal fatto che il colore varia molto da varietà a varietà. Esistono inoltre specie specializzate che crescono in Nord Africa, Spagna e nelle isole dell'Atlantico. Sono abituate a climi più caldi, sono più sensibili al freddo e sono più delicate di quelle descritte sopra. Sono molto apprezzate dagli appassionati per il loro aspetto caratteristico e altamente decorativo.

Lavandula Dentata - La lavanda dentata ha foglie ricoperte di peli e, come dice il nome, dentate (apici arrotondati con denti); le pagine superiori delle foglie sono verdi lamellate e quelle inferiori grigiastre; fiori azzurro-violacei in luglio-agosto, sormontati da brattee ovate viola chiaro; foglie ricoperte di peli, bordi arrotondati. Diffusa in Italia, Spagna, Malta, Marocco e Algeria. Non è una pianta rustica; non ama il freddo e preferisce i climi più caldi. Può essere coltivata in vaso, ma deve essere ombreggiata durante l'inverno.

Lavandula Multifida - chiamata anche Lavandula pinnata (ma considerata una specie separata in altre classificazioni). Foglie e steli ricoperti di piume grigie, le foglie sono argentee, quasi bianche, composte pennate, cioè divise come un'ala di uccello, ramificate dal centro da un lato e ramificate dall'altro. I fiori sono viola e più grandi di quelli della Lavandula dentata. Viene coltivata anche in Calabria e in Sicilia.

Lavandula Lanata - è originaria della Spagna, con fusti spessi, pelosi e contorti su cui crescono spighe di fiori con corolle lilla.

Lavandula Canariensis - originaria delle Isole Canarie. Conosciuta per i suoi fiori di colore blu intenso e per le bellissime foglie finemente divise, quasi prive di semi.

Lavandula Maroccana - originaria del Marocco, con bellissimi fiori blu-viola.

Lavandula X Christiana - un ibrido proveniente dal Nord Africa con fiori viola o blu che fioriscono per mesi e per lunghi periodi. La pianta è ricoperta da una fitta peluria grigiastra.

COME COLTIVARE
LA LAVANDA

La lavanda è una pianta molto resistente che si adatta a tutte le condizioni purché ci sia luce e non ci sia eccessiva ritenzione idrica nel terreno. Tollera i climi secchi e anche il freddo (la Lavanda angustifolia, in particolare, è resistente al gelo, anche se sensibile alle gelate). Può essere coltivata direttamente nel terreno.

In terra, in giardini, orti e vialetti. Particolarmente indicata per la creazione di siepi e bordure. In alternativa può essere può essere coltivata anche in vaso per dare colore a patii e può essere utilizzata anche per decorare i balconi. In questo modo il rinverdimento è garantito. Potrete godere tutto l'anno della vista delle sue foglie e dei suoi fiori colorati, oltre che del suo intenso profumo. Inoltre, fate scorta di fiori freschi e secchi da utilizzare per profumi per la casa, tinture e molti altri usi domestici.
La coltivazione della pianta è facile e poco costosa.
Seguite semplici precauzioni e cure.

Facile da coltivare nel giardino di casa

Se si pianta la lavanda in giardino, è preferibile un terreno semplice, sciolto, calcareo e ben drenato. I terreni con ristagni d'acqua devono essere evitati perché le radici della pianta sono molto sensibili. L'ideale è un terreno da giardino leggermente sabbioso. È meglio se il terreno è stato recentemente allentato o coltivato.

Un buon concime per il terreno aiuterà l'arbusto a crescere più velocemente. L'esposizione migliore è in pieno sole. Le piante tollerano bene le alte temperature estive e le basse temperature invernali, purché non ci siano gelate prolungate. Tuttavia, la lavanda è una pianta adattabile e si trova bene anche in luoghi che non ama particolarmente.

Non ha bisogno di molta acqua, quindi in inverno quasi ci si "dimentica di annaffiare", anche quando cresce in vaso.

Per creare una bordura o una siepe di lavanda, la distanza tra le piante deve essere di almeno 50 cm e di almeno 1 m tra ogni pianta e la successiva.

Questo assicura che le piante abbiano luce solare sufficiente, buona ventilazione e spazio sufficienti per esprimere tutto il loro potenziale.

Coltivazione in vaso su terrazze e balconi

Per la coltivazione di lavanda su terrazze e balconi, bisogna usare vasi di 40-50 cm di diametro. La lavanda richiede un terreno ben drenato e deve essere, ogni anno, trasferita in un nuovo contenitore più grande del precedente. Per i balconi e le terrazze di grandi dimensioni, i vasi di lavanda sono un'ottima soluzione decorativa e possono essere combinati con una varietà di essenze, inoltre la Lavanda un arbusto sempreverde.

Questo arbusto sempreverde mantiene il suo fogliame argenteo anche in inverno, rendendolo una splendida decorazione ai balconi in qualsiasi periodo dell'anno. Se amate particolarmente la lavanda, potete usarla come elemento di allestimento. Combinando vasi di varietà diverse, si possono abbinare fiori di colori e profumi diversi.

Combinazione consigliata: Lavanda e rose.

Questo abbinamento non solo crea una bella combinazione di colori e profumi, ma serve anche a proteggere il cespuglio di rose da afidi e pidocchi e a tenerli lontani dalla lavanda.

Tolleranza al freddo

Come abbiamo già visto, esistono molte specie diverse di lavanda. Alcune sono resistenti e tollerano il freddo come la Lavandula hybrida (o lavanda vera) e la Lavandula hybrida (o lavanda vera), cioè "lavanda".

Le altre specie sono più delicate: Lavandula latifolia (o Lavanda spica), Lavandula stoecus, che è adatta ai climi più caldi e teme il gelo, ma può tollerare temperature vicine allo zero.

Le altre specie più delicate come la Lavandula dentata, maroccana e canariensise, che non provengono da climi più delicati e non sono adatti ai climi più freddi, dato che provengono da Paesi con climi più caldi, come la Spagna, gli Stati Uniti, la Spagna e il Nord Africa.

Quando si scelgono le piante in vaso per il patio si deve tenere conto di quanto segue: la coltivazione della lavanda in casa dipende dalla posizione e dal tipo di lavanda.

Nella coltivazione della lavanda in casa, quindi, va tenuto in considerazione, oltre alla varietà di Lavanda, anche la zona in cui si vive. In zone con climi caldi possono essere tenute all'aperto, in caso contrario, la pianta ha bisogno di una buona protezione.

Metodi di propagazione delle piante : semi o talee

Nel primo caso, il periodo migliore per la semina dovrebbe essere l'autunno nelle regioni più calde e l'autunno nelle zone più fredde.

Le talee vengono piantate nel terreno all'inizio della primavera. Tuttavia, la talea è il metodo di propagazione più pratico. La propagazione con talee è una procedura molto semplice, basta tagliare piccoli rami fino a 10 cm di lunghezza, lasci-

-ando una parte della pianta che diventerà legnosa e verrà successivamente interrata, mentre le foglie delle talee in un vaso con una miscela di sabbia grossolana e terriccio di torba.

È importante assicurarsi che le talee non siano spoglie.

È importante evitare di esporre le talee appena piantate alla luce del sole e proteggerle dalle gelate invernali coprendole con della plastica o collocandole in una zona ben ventilata. Inoltre, mantenere il terriccio del vaso leggermente umido.

Il successo della moltiplicazione della pianta è garantito!

Quando le talee hanno sviluppato le prime foglie, bisogna aspettare almeno un anno prima di piantare le talee nel terreno. Questo trasferimento dovrebbe essere fatto all'inizio della primavera con un blocco di terra in cui si sono formate le radici per favorire la radicazione. Nel primo anno, le talee vengono solitamente potate per evitare che fioriscano troppo presto e per favorire la radicazione. Questa potatura serve a prevenire una fioritura prematura e a rafforzare il fusto. Questo garantirà una fioritura migliore. Le fioriture dell'anno successivo saranno abbondanti.

La potatura dopo la fioritura è utile anche per mantenere l'arbusto in forma e compatto. I rami lignificati cresciuti in primavera possono essere accorciati di 3-4 cm sopra la parte dura, eliminando i rami secchi e riordinando la pianta.

Per mantenere la forma arrotondata dell'arbusto, i rami piegati devono essere rimossi. Le piante deboli possono essere potate più delicatamente, lasciando pochi centimetri di lunghezza del fusto per favorire la formazione di nuovi germogli.

Innaffiare con parsimonia e concimare la lavanda all'inizio della stagione primaverile usando un fertilizzante adatto alle piante da fiore. Le piante soffrono più per i ristagni d'acqua che per la siccità o il freddo. Infatti, un'eccessiva irrigazione in primavera e in estate è una delle principali cause di danni alle piante. Motivi per cui le piante muoiono sui patii.

Per ottenere la giusta quantità d'acqua, è necessario lasciare che il terreno si asciughi a sufficienza tra un'annaffiatura e l'altra. Le piante fuori terra sono naturalmente protette da un'eventuale carenza d'acqua perché hanno radici profonde, a meno che non si verifichi un periodo di siccità. Le piante in vaso, invece, devono essere sistemate con cura per evitare pozzanghere e ristagni d'acqua e devono essere annaffiate solo quando necessario. Naturalmente, durante i periodi di caldo o di siccità, potrebbe essere necessario aumentare le annaffiature.

Parassiti e malattie

Le piante di lavanda sono resistenti e robuste, ma possono essere attaccate da parassiti e funghi.

In particolare è molto pericoloso il fungo **Armillaria**, che deve essere combattuto sradicando le piante infestate e disinfettando il terreno; un attacco di **Septoria lavandulae** si riconosce da una macchia bianca sulle foglie. Questa malattia può essere trattata con fungicidi speciali.

La **Botrytis cinerea** è un fungo che provoca muffe sui germogli, di solito durante la stagione umida. Anche questo fungo può essere controllato con preparati speciali.

Raccolta e stoccaggio dei fiori

La raccolta dei fiori di lavanda, nelle grandi piantagioni, viene oggi effettuata principalmente con macchine speciali che attraversano file molto lunghe di piantine. Le persone che coltivano la lavanda in proprio utilizzano queste macchine. Se coltivate la lavanda nel vostro giardino o patio, la raccolta avviene naturalmente a mano. È meglio raccoglierla al mattino, dopo che il sole ha eliminato la rugiada e i fiori non hanno ancora avuto modo di "asciugarsi" molto. Staccate la base del gambo e raccogliete l'intero rametto.

Metodo di essiccazione

Dopo la raccolta, i fiori devono essere essiccati e riposti per essere conservati.

Legare gli steli in fasci e appenderli a testa in giù per farli essiccare in un luogo asciutto, caldo ma buio per una quindicina di giorni. Una volta essiccati, gli steli interi possono essere conservati insieme ai fiori e messi in un vaso senz'acqua per decorare e profumare la casa.

I fiori secchi possono anche essere conservati in barattoli ermetici, separando le spighe dai gambi.

I fiori secchi possono essere utilizzati per diversi scopi, tra cui decorazione, profumeria, lavanderia, repellente per insetti e zanzare, decotto, sapone, oleolito ed estratto alcolico.
Il modo più comune per godersi il profumo in casa è mettere i fiori secchi in un recipiente e fare un pot-pourri, da soli o insieme ad altri fiori ed erbe profumate. Per il guardaroba, invece, i fiori secchi possono essere messi in piccoli sacchetti di tessuto fine o traforato, mussola, organza, garza, ecc.

Fodere profumate per cassetti

In alternativa al classico sacchetto di lavanda, i cassetti della biancheria possono essere profumati con fiori di lavanda essiccati. Preparate della carta decorativa (va bene anche la carta da parati) e tagliatela a misura del cassetto. Applicate quindi un sottile strato di colla sul retro della carta e mettete una manciata di fiori di lavanda secchi schiacciati, quindi premere bene per far asciugare la colla. Scuotere il tutto per rimuovere i fiori che non hanno aderito e posizionate con cura il foglio all'interno della scatola, facendo in modo che il lato con i fiori aderisca al fondo.

Proprietà e
Prodotti

Un mix di profumi e aromi

Che la lavanda abbia proprietà curative non è solo una supposizione tramandata dalla tradizione e dalla medicina popolare. Le sue proprietà medicinali sono state studiate e confermate scientificamente per decenni. Anche i libri di farmacologia contengono informazioni sugli ingredientie sulle proprietà benefiche della lavanda. Nell'essenza di lavanda sono statiidentificatioltre 200 ingredienti, molti dei quali sono risultati essere principi attivi chehanno effetti benefici per la salute delnostro organismo. Sono soprattutto le sostanze contenute nell'olio essenziale ad essere responsabili dei suoi effetti terapeutici.

Le infiorescenze e le foglie della pianta di lavanda sono in realtà ricche di essenze volatili dalla composizione molto complessa, costituita da diversi terpeni (biomolecole che conferiscono alla pianta il suo aroma e sono benefiche per la salute umana) e dai loro numerosi composti.

Tra i terpeni contenuti nell'olio essenziale di lavanda, il linalolo, in particolare, è presente in alte concentrazioni, sia in forma libera che come composto con gli acidi. Questa sostanza fa parte del caratteristico aroma floreale ed è anche responsabile di molti benefici per la salute.

Un'altra sostanza molto importante presente in quantità significative negli oli essenziali è il linalile acetato (acetato di linalile). Questa sostanza è responsabile di alcune delle proprietà curative caratteristiche della pianta. Altri componenti importanti dell'olio essenziale di lavanda sono il cineolo (chimicamente identico all'eucaliptolo) e la canfora (presente soprattutto nella lavanda ibrida e nel gambo). L'essenza di lavanda contiene anche cumarina, limonene e altri terpeni. Contiene anche tannini, sostanze naturali uniche di molte piante che agiscono sui capillari e sulle membrane mucose. L'olio essenziale di lavanda contiene anche flavonoidi. I flavonoidi sono sostanze naturali responsabili del colore del fiore e sono spesso ritenuti benefici per la salute umana. In particolare, i flavonoidi presenti nella lavanda sono antispastici e aiutano i vasi sanguigni.

Virtù Terapeutiche

La lavanda può avere un'ampia gamma di effetti terapeutici, soprattutto grazie ai suoi oli essenziali. In particolare, sono note le proprietà rilassanti e antibatteriche del fiore, ma i benefici terapeutici della lavanda non finiscono qui. L'olio essenziale di lavanda è utile per una vasta gamma di disturbi grazie ai suoi diversi componenti (in particolare il linalolo e l'acetato di linalile). Diamo un'occhiata ai benefici della lavanda e vediamo come può essere d'aiuto per diversi disturbi.

Riequilibra il sistema nervoso

La lavanda è utile in caso di stress, tensione e ansia. È efficace per l'insonnia e le palpitazioni grazie alle sue proprietà calmanti e rilassanti. Se inalata, agisce direttamente sul sistema nervoso e si ritiene che aiuti a calmare l'agitazione, ad alleviare le paure e a sconfiggere la depressione, anche nei bambini. Stimola inoltre l'attività cerebrale e si ritiene che sia efficace in alcuni casi di demenza senile. È efficace per il mal di testa, soprattutto quello causato dalla tensione nervosa.

Antisettico e cicatrizzante

L'essenza di lavanda è molto efficace contro batteri, virus e funghi (ad esempio, aiuta a combattere la candida). Quest'olio ha proprietà antinfiammatorie e antisettiche. Aiuta a combattere le infezioni e favorisce la guarigione e il recupero, soprattutto delle lesioni cutanee. Per questo motivo, la lavanda è un trattamento efficace per le scottature, comprese quelle solari, e combatte le irritazioni e i fastidi causati dalle punture di insetti. Si usa anche per trattare le infiammazioni orali e le malattie da raffreddamento.

Utile per la digestione e il controllo dell'intestino

La lavanda ha proprietà antispasmodiche e antielmintiche. Favorisce l'attività digestiva, allevia i dolori addominali e attenua la tensione intestinale. Aiuta anche ad alleviare la colite, un'infiammazione dell'intestino.

Allevia i dolori articolari e muscolari

L'essenza di lavanda ha proprietà antinfiammatorie, che la rendono utile per alleviare i dolori a muscoli, ossa e articolazioni. È quindi utile per reumatismi, mal di schiena, lombalgia e rigidità del collo. È anche efficace per ridurre gli spasmi muscolari e i dolori traumatici come distorsioni, stiramenti e contusioni.

Favorisce la respirazione

L'essenza di lavanda può essere inalata per aiutare l'asma, il catarro, la tosse e il mal di gola. In generale, aiuta ad alleviare la respirazione nei seguenti casi Malattie da raffreddamento.

Ogni specie la sua virtù

Non tutta la lavanda ha le stesse proprietà, poiché i diversi tipi di lavanda contengono percentuali diverse di diversi componenti. Per valutare le proprietà di un olio essenziale, è importante sapere da quale tipo di lavanda è stato ricavato.

Lavandula angustifolia o lavanda vera

Contiene grandi quantità di acetato di linalile (25-45%) e linalolo (25-38%), piccole quantità di canfora (0,2-0,5%) e piccole quantità di eucaliptolo (0,3-1,5%). È la specie con le proprietà medicinali più riconosciute. Viene utilizzata per ansia, agitazione nervosa, insonnia; per ferite, infezioni cutanee e malattie della pelle; per alleviare il sistema digestivo e l'intestino; per allergie e malattie respiratorie; per alleviare mal di testa, dolori reumatici e spasmi.

Lavandula latifolia o lavanda spica

Contiene poco acetato di linalile ma molto linalolo (25-50%), canfora (0,5-3%) e cineolo (8-20%). Viene utilizzata come inalante, calmante della tosse ed espettorante, soprattutto per le malattie bronchiali acute e persistenti. In cosmetica ha proprietà astringenti e antisettiche e viene utilizzata per detergere la pelle e il cuoio capelluto.

Lavanda Stoica o lavanda di mare

Contiene un'alta percentuale di canfora e una bassa percentuale di acetato di linalile. Grazie all'elevato contenuto di canfora. Adatto come espettorante e per le affezioni respiratorie, ma non in grandi quantità e può essere miscelato con l'essenza di lavanda vera. Sconsigliato ai bambini e alle donne in gravidanza. Gli oli essenziali sono utilizzati in cosmetica per le impurità della pelle e la caduta dei capelli.

Lavandula hybrida o lavandina

L'essenza di lavanda ibrida contiene ingredienti diversi a seconda della varietà. Quelle con un basso contenuto di acetato di linalile e linalolo sono utilizzate principalmente in cosmetica. Tuttavia, le varietà con un contenuto più elevato, come il "Lavandin Grosso" e il "Lavandin Super", sono adatte anche per uso terapeutico. Si usa esternamente per trattare ferite minori, punture di insetti e piccole ustioni. Se inalato, viene utilizzato per calmare i nervi e contro i sintomi dello stress. Essenza. La lavanda è utilizzata in cosmetica per il suo profumo e le sue proprietà astringenti.

Estratti di fiori e medicinali

I fiori di lavanda vengono raccolti nelle grandi piantagioni quando la parte centrale della spiga floreale è in piena fioritura. Questo avviene quando i fiori non si sono ancora aperti. Di solito questo avviene in luglio o agosto, ma questo varia a seconda della varietà e della regione di coltivazione. Per raccogliere i fiori, i rametti di lavanda vengono tagliati circa 10 cm al di sotto del punto in cui inizia la spiga di fiori. Questo processo, che un tempo veniva fatto a mano, oggi viene eseguito da macchine nei grandi campi di lavanda.

Fiori secchi disponibili in commercio

I fiori di lavanda raccolti nelle grandi piantagioni sono per lo più utilizzati freschi per la produzione di oli essenziali, ma alcuni vengono essiccati in luoghi adatti, separati dagli steli e venduti per uso domestico. Per la vendita, i fiori di lavanda essiccati vengono schiacciati e talvolta macinati. Per questo motivo, è difficile capire se la qualità è davvero buona. Infatti, a volte non vengono macinati solo i fiori più pregiati, ma anche steli e foglie che, pur essendo profumati, sono sicuramente di qualità e valore commerciale inferiore. Inoltre, se si acquistano fiori essiccati o schiacciati, è impossibile capire di quale varietà di lavanda si tratti.

Come conservare la lavanda in casa

Dopo aver acquistato i fiori di lavanda o averli preparati in casa, la lavanda essiccata deve essere conservata in un contenitore impermeabile alla luce e all'aria. I contenitori migliori sono quelli in vetro o porcellana, poiché il metallo o la plastica possono causare reazioni chimiche indesiderate.

È inoltre consigliabile limitare la quantità di fiori secchi acquistati e non conservarli per più di un anno, poiché con il tempo perdono la loro fragranza. Se si acquistano fiori di qualità incerta, è bene utilizzarli solo per profumare un ambiente o la biancheria o come decorazione. Per scopi medicinali (ad esempio infusi, inalazioni), è consigliabile acquistare i fiori in farmacia o in erboristeria.

Come si producono gli oli essenziali

Gli oli essenziali sono prodotti dalle ghiandole dei fiori di lavanda e vengono estratti distillando i fiori freschi con un processo noto come "distillazione a vapore". In pratica, gli steli e i fiori di lavanda raccolti vengono messi in una grande caldaia dove l'acqua bolle e il vapore entra in contatto con le parti della lavanda da cui si estrae l'essenza. Il vapore, mescolato con l'olio essenziale, viene poi fatto passare attraverso un distillatore. Si condensa in una serpentina e si trasforma in un liquido. Infine, l'olio essenziale viene separato dall'acqua in un cilindro di separazione.

Valutazione della qualità dell'olio

Le proprietà curative dell'olio essenziale di lavanda dipendono da da vari fattori, tra cui il tipo e la qualità della lavanda, nonché dalle procedure di raccolta e lavorazione. Quello che viene venduto come olio di lavanda non lo è. L'olio di lavanda è in realtà un'essenza estratta del fiore o è di qualità molto bassa. Spesso si tratta di un olio essenziale "diluito in acqua" o di un prodotto sintetico.

L'olio essenziale puro delle varietà migliori (ad esempio la lavanda Bella angustifolia) è costoso da produrre. Per venderlo a un prezzo inferiore, gli oli vengono diluiti o prodotti con sostanze chimiche artificiali per riprodurre la fragranza della lavanda. Potete avere maggiori garanzie di qualità se verificate che l'essenza di lavanda sia naturale al 100% e se è chiaramente etichettata con il nome botanico della cultivar isolata, il paese di origine, il metodo di estrazione, il metodo di coltivazione (convenzionale o biodinamico), i dati del produttore e la data di utilizzo. In alcuni Paesi esteri tutte queste informazioni sono riportate in etichetta, mentre in Italia spesso sono indicate solo parzialmente. È particolarmente importante, come già detto, sapere da quale specie di lavanda è stato estratto l'olio essenziale che si sta acquistando. Un modo empirico per valutare la qualità di un olio essenziale è quello di metterne alcune gocce su carta assorbente. I veri oli essenziali sono volatili e quindi evaporano completamente entro 24 ore. Se rimangono dei residui sulla carta, significa che si sono mescolati con altre sostanze. L'essenza di lavanda va conservata preferibilmente in contenitori di vetro, poiché reagisce chimicamente e si modifica a contatto con metallo o plastica.

Altri estratti

Oltre agli oli essenziali, esistono altri prodotti curativi a base di lavanda che contengono sostanze utili per la salute e la bellezza. Ad esempio, esistono vari tipi di estratti alcolici, che si ottengono immergendo i fiori (e talvolta gli steli) in alcol o in una sostanza alcolica. Il tempo di macerazione può essere lungo o breve, dopodiché la miscela viene filtrata.

Questi prodotti contengono concentrazioni dei principi attivi della lavanda, alcuni dei quali non sono presenti negli oli essenziali. Le tinture di lavanda ottenute dalla macerazione dei fiori di lavanda in alcol, vino o aceto possono essere utilizzate esternamente per la cura della pelle.

La tintura madre si assume in gocce (di solito 30 gocce due volte al giorno).

Oleolito e idrato

Altri estratti dai fiori di lavanda sono l'oleolito e l'idrolato.

L'oleolito si ottiene immergendo i fiori secchi in un barattolo di vetro inumidito con olio d'oliva. Immergere i fiori in barattoli di vetro imbevuti di olio di oliva o di girasole, di solito in un rapporto di 300 g di fiori secchi per 1 litro di olio. Agitare i vasi in modo che i fiori siano costantemente immersi nell'olio e lasciarli per almeno un mese. L'olio viene poi filtrato e conservato in vasi scuri. L'oleolito può essere utilizzato come cosmetico o per un massaggio rilassante.

L'idrato di lavanda (acqua di fiori) si ottiene dalla distillazione dell'olio essenziale. È ricco di sostanze idrosolubili contenute nella lavanda e viene utilizzato per la cura della pelle.

Metodi e Usi della Lavanda

Estratti di lavanda in varie forme

Gli estratti di lavanda possono essere utilizzati a scopo medicinale in varie forme e applicazioni. In particolare, l'olio essenziale può essere utilizzato come medicinale e ognuno di questi metodi è adatto a disturbi specifici. Di seguito vedremo come gli estratti di lavanda possono essere utilizzati per la salute e il benessere.

Bruciatore di oli essenziali

Un bruciatore di aromi è un modo molto semplice per diffondere nell'ambiente l'aroma e le molecole curative dell'olio di lavanda. Lo si fa ponendo una lampada sotto un contenitore di acqua ed essenza e lasciando che la luce della lampada faccia evaporare l'acqua e la diffonda nell'ambiente insieme all'essenza. Il contenitore d'acqua deve essere di dimensioni sufficienti per essere collocato a una distanza di circa 10 metri dalla fonte di calore. Se è troppo piccolo o troppo vicino alla fiamma, l'acqua si riscalderà rapidamente e l'essenza si brucerà prima di avere il tempo di evaporare.

Bagni

Un bagno caldo con olio di lavanda ha un effetto positivo sul corpo e sulla mente. Il calore favorisce il rilassamento e apre i pori della pelle, permettendo all'essenza di lavanda di penetrare più facilmente. La temperatura dell'acqua del bagno deve essere mantenuta a circa 38°C. La durata del bagno non deve superare i 25 minuti. Sono adatti anche i pediluvi e l'immersione delle mani e di altre parti della parte inferiore del corpo che necessitano di cure. L'olio di lavanda non deve essere aggiunto direttamente al bagno perché non si scioglie. Deve essere mescolato con un emulsionante (come argilla aerata, miele, latte, panna o aceto di sidro di mele). Di solito si usano 8-15 gocce di essenza di lavanda diluite con l'emulsionante, oppure, più semplicemente, l'olio di lavanda può essere mescolato al bagnoschiuma naturale e sciolto nell'acqua calda. In alternativa, i bagni alla lavanda possono essere fatti utilizzando fiori freschi o essiccati. Sono disponibili due sistemi diversi: il primo metodo consiste nel preparare un infuso di fiori di lavanda (almeno un litro di acqua bollente e un numero sufficiente di fiori), filtrare l'infuso e aggiungerlo all'acqua del bagno.

Un secondo metodo consiste nel mettere i fiori di lavanda in un sacchettino di tessuto leggero, nell'immergerlo nell'acqua del bagno e nel legarlo con un nastro in modo che non traballi nell'acqua e provochi fastidio durante l'immersione.

Inalazione

Per l'inalazione della lavanda, in alternativa alla scottatura o alla vaporizzazione, sciogliere 6-8 gocce di essenza di lavanda in un litro di acqua calda, posizionarla davanti al ricevitore, vaporizzare con un asciugamano sulla testa, chiudere gli occhi e inalare il vapore per circa 10 minuti.

Massaggio

Il massaggio con oli essenziali è molto efficace non solo per il trattamento di disturbi specifici, ma anche per i suoi benefici generali, come il rilassamento e il miglioramento della circolazione sanguigna. L'olio essenziale di lavanda si fonde bene con la pelle, ma per sicurezza è meglio non applicare l'olio essenziale direttamente sulla pelle, ma mescolarlo con i cosiddetti oli portanti, come l'olio di avocado, di mandorle, di oliva, di jojoba, di semi di pesca o germe di grano. Aggiungere 5 gocce di olio essenziale di lavanda a 1 cucchiaio di olio vettore. Mescolare gli ingredienti e massaggiare delicatamente il composto sul corpo.

Impacchi

Gli impacchi con oli essenziali sono molto utili in caso di dolori acuti, contusioni e problemi dermatologici. Possono essere fatti con acqua calda o con acqua fredda. Gli impacchi freddi con essenza di lavanda si usano per il mal di testa e i gonfiori causati da contusioni e distorsioni. Il freddo allevia il dolore e riduce il gonfiore, mentre la lavanda aiuta a combattere l'infiammazione. Gli impacchi caldi sono consigliati per i dolori cronici alle ossa e alle articolazioni, come i reumatismi e la lombalgia. Si usano anche in caso di dolori addominali. Per fare un impacco, aggiungere 5-10 gocce di essenza di lavanda a mezzo litro di acqua fredda o calda, immergere un panno nel liquido, strizzarlo e applicarlo sulla zona da trattare. Coprite il panno umido con un asciugamano asciutto e lasciatelo lì finché la temperatura corporea non si abbassa.

Collutorio e gargarismi

Se la bocca è infiammata, fate dei gargarismi con il seguente rimedio: mescolare tre gocce di essenza di lavanda in un bicchiere d'acqua; quindi sciacquare la bocca, facendo attenzione a non deglutire. La stessa formula può essere utilizzata anche per fare gargarismi in caso di gola irritata. Sciacquare la gola e fare dei gargarismi con infuso o tisana di lavanda.

Assumere la Lavanda

La lavanda assunta per via interna è utile per i disturbi gastrointestinali nervosi e il gonfiore. A questo scopo si deve usare solo un'essenza di alta qualità venduta in farmacia e in erboristeria. È meglio consultare il medico prima di assumere l'essenza di lavanda per via orale. In questo caso, diluire sempre l'essenza e non assumerla pura per essere rassicurati. Aggiungete quindi qualche goccia di olio essenziale di lavanda a una zolletta di zucchero (da 1 a un massimo di 4 gocce, l'ideale sarebbe 2 gocce) o scioglietelo in una bevanda e seguite attentamente il dosaggio e le raccomandazioni.

Infusi e tisane

Un altro modo per assumere internamente l'estratto di lavanda è quello di preparare un infuso di fiori secchi o freschi. Versare uno o due cucchiaini di fiori di lavanda in una tazza di acqua calda per ottenere un decotto. È preferibile prepararlo in utensili di terracotta, porcellana o vetro, poiché il metallo e la plastica possono reagire con la lavanda e ridurne l'efficacia. Lasciare in infusione i fiori per otto minuti, filtrare e bere. Questo decotto calma e aiuta a dormire, oltre a favorire la digestione e a contrastare crampi e problemi intestinali. Aiuta a risolvere i problemi intestinali. Va dolcificato con miele, non con zucchero. Tisane ai fiori di lavanda può essere miscelata con altre erbe e fiori per ottenere maggiori benefici.

Lavanda e api: unione perfetta

Il miele viene estratto anche dai fiori. Negli ultimi anni, la combinazione di coltivazione della lavanda e apicoltura è diventata sempre più popolare. Si tratta di una vera e propria "vittoria" per le api. La lavanda è una pianta redditizia per la produzione di miele e olio essenziale dai suoi fiori. La lavanda attira soprattutto gli insetti impollinatori, come le api da miele e i bombi. Il nettare della lavanda consente agli apicoltori di produrre miele di buona qualità e aumenta la produzione di oli essenziali grazie al "lavoro" delle api. Infatti, quando le api "estraggono" il nettare, influenzano le secrezioni della pianta, dando vita a fiori più concentrati e più forti, che aumentano anche la produzione di olio distillato dai fiori. Ecco perché nelle zone in cui si coltiva la lavanda, in Provenza, ad esempio, l'apicoltura si è diffusa parallelamente.

Diverse varietà di miele

Nel miele, come nell'olio essenziale, è importante distinguere chiaramente tra le diverse varietà di lavanda.

Il miele di lavanda più pregiato è quello di lavanda vera (Lavandula angustifolia) proveniente da piante selvatiche. Poiché questa pianta non è molto diffusa, soprattutto allo stato selvatico, è ormai piuttosto rara. Questo miele di colore ambrato diventa più chiaro con la cristallizzazione.

Il profumo non ricorda quello tipico della lavanda, ma è piuttosto intenso e persistente.

Anche la lavanda stoica e la lavanda marina prodotte in Italia sono di buona qualità.

Tuttavia, il miele di lavanda più comune proviene dalla varietà ibrida "Lavandin", prodotta soprattutto in Francia e Spagna. Anche se, spesso non è possibile distinguere tra i diversi mieli di lavanda, poiché vengono venduti con un nome generico: "miele di lavanda" o "miele di lavanda-lavanda".

Come rimedio lenitivo per la gola

Si ritiene che il miele di lavanda abbia più proprietà medicinali del suo sapore, grazie alle proprietà medicinali della lavanda stessa. In particolare, si ritiene che il miele di lavanda allevi la tensione nervosa e lenisca tosse e mal di gola. È quindi considerato un dolcificante ideale per tisane rilassanti ed espettoranti. Viene utilizzato nelle tisane con proprietà espettoranti e negli infusi utilizzati per il raffreddore in generale.

Salute
&
Benessere
con la
Lavanda

Salute e Benessere con la Lavanda

indice

La cura per tanti disturbi

La lavanda ha il potere di curare molti disturbi, soprattutto grazie alle proprietà delle sostanze contenute nei suoi fiori. Esamineremo quindi i diversi prodotti derivati dalla lavanda per vedere quali disturbi possono essere curati e quali rimedi sono più adatti ai singoli casi. Infine, vedremo come la lavanda può essere utilizzata per alleviare lo stress e la tensione nervosa.

Acne

La lavanda regola la produzione di sebo ed è molto efficace contro l'acne e i punti neri. L'olio essenziale ha proprietà antisettiche e aiuta la pelle a rigenerarsi. Alcune gocce di essenza di lavanda possono essere applicate direttamente sulla pelle o mescolate con olio di germe di grano. In questo modo si ottengono risultati ancora migliori per le cicatrici da acne. Diluire una goccia di olio di lavanda con un cucchiaio di olio di germe di grano e applicare delicatamente sulle zone del viso a tendenza acneica una volta al giorno. Una volta al giorno. Un rimedio molto semplice per l'acne può essere applicato anche mescolando 10 gocce di essenza di lavanda in mezzo litro d'acqua. Inumidire un pezzo di garza con questo liquido e strizzarlo leggermente. Applicare la garza sulla zona acneica del viso. Immergere la garza e lasciare agire per 10 minuti. Un impacco di olio essenziale di lavanda è un altro trattamento efficace per i foruncoli. Imbevete un panno, strizzatelo e applicatelo sulla zona infiammata della pelle dove si trova il foruncolo. Applicare l'impacco due volte al giorno fino alla guarigione.

Afte

La lavanda ha proprietà antifungine e antinfiammatorie. È quindi molto efficace per le afte e le infiammazioni della bocca. L'olio di lavanda può essere trattato come segue. Gargarismi: aggiungere due gocce di lavanda a un bicchiere d'acqua e sciacquare la bocca con questa miscela. Ripetere tre volte al giorno, facendo attenzione a non ingerire la miscela. Un collutorio efficace per la gengivite è costituito da 1 goccia di essenza di lavanda, 1 goccia di essenza di menta piperita, 1 goccia di essenza di salvia e 1 goccia di olio di cucchiaino. Aggiungete le essenze a un bicchiere di acqua calda e sciacquate accuratamente la bocca con questa miscela più volte al giorno.

Artrite

La lavanda ha proprietà antinfiammatorie e analgesiche e può aiutare a contrastare i dolori e i blocchi articolari causati dall'artrite. La lavanda può essere trattata con bagni, impacchi e massaggi. Per un bagno, mescolare l'argilla verde con 10 gocce di olio essenziale di lavanda. Aggiungere l'olio essenziale di lavanda all'argilla verde respirata e versare nella vasca da bagno, mescolando con la mano per diluire. Per un cataplasma, aggiungere 5 gocce di olio di lavanda e 5 gocce di olio di camomilla all'argilla verde respirabile, oppure, aggiungere 5 gocce di olio di lavanda e 5 gocce di olio di camomilla a 1/2 litro d'acqua, strizzare su un panno e versare sulla zona dolente.

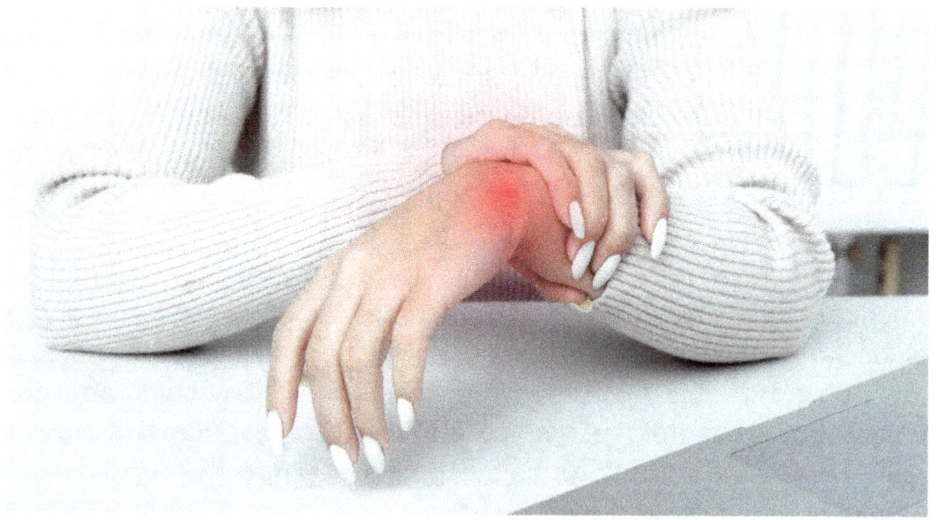

Asma bronchiale

Mescolare l'olio di lavanda con altre essenze e inalare per migliorare la respirazione e ridurre gli attacchi d'asma. Aggiungere 10 gocce di lavanda, 10 gocce di menta piperita e 10 gocce di eucalipto all'acqua calda del bruciatore di essenze per inalare completamente i fumi espirati nella stanza. In alternativa, mettere 5 gocce di ciascun olio in una pentola di acqua calda, sedersi con la testa distesa sull'acqua calda (facendo attenzione a non scottarsi), coprirsi con un asciugamano e inalare i vapori finché non escono. Inalare il vapore finché non esce dall'acqua.

Caduta dei capelli

Le proprietà ricostituenti dell'olio di lavanda si estendono anche al cuoio capelluto e ai follicoli piliferi. L'essenza di lavanda riequilibra i tessuti della pelle e stimola la crescita dei capelli. Rimedio: la lavanda mescolata ad altri oli essenziali può essere utilizzata per prevenire la caduta dei capelli. 3 gocce di olio essenziale di lavanda e 3 gocce di olio essenziale di rosmarino 1 cucchiaio di olio di jojoba. Applicare sui capelli con un movimento massaggiante, coprire la testa con un asciugamano e acqua calda e lasciare agire per 1 ora. Quindi lavare i capelli con uno shampoo naturale (aggiungere qualche goccia di olio di lavanda) e risciacquare accuratamente. Ripetere questo trattamento tre volte alla settimana.

Crampi muscolari

I crampi sono spesso causati da un sovraccarico muscolare senza un adeguato apporto di ossigeno al sangue. Per trattare i crampi e gli spasmi muscolari improvvisi, massaggiate con olio essenziale di lavanda, che agisce sul disturbo e migliora il flusso sanguigno. Per preparare un efficace olio da massaggio antispasmodico, mescolare 5 gocce di lavanda con 25 ml. di gocce uguali di olio di maggiorana e rosmarino. Aggiungere l'olio di rosmarino a 25 ml di olio di mandorle. Mescolare bene e applicare sui muscoli colpiti da spasmi.

Distorsioni (stiramenti)

Le distorsioni sono spesso causate da danni ai legamenti dovuti a sforzi eccessivi o a movimenti scorretti. Se non ci sono danni alle ossa, un cataplasma con olio essenziale di lavanda può aiutare a curare una distorsione. Gli oli essenziali sono utilizzati per trattare le distorsioni. Per fare un impacco freddo, mescolare 3 gocce di lavanda e 3 gocce di rosmarino in 15 ml di olio di mandorle o di oliva. Non massaggiare la distorsione, ma continuare con l'impacco freddo finché il dolore e il gonfiore non si attenuano.

Disturbi del sistema circolatorio

Le malattie cardiovascolari possono essere causate da motivi neurologici che alterano il ritmo del cuore. In questi casi si può usare la lavanda, che ha un effetto calmante e regola il sistema circolatorio. Si può preparare una tisana alla lavanda mescolando 30 g di fiori di lavanda, 30 g di radice di valeriana, 30 g di semi di cumino e 30 g di semi di finocchio. Mettete in infusione un cucchiaio da minestra di questa miscela in una tazza di acqua bollente, lasciate agire per 10 minuti, filtrate e bevete in una tazza tre volte al giorno. Fiori di biancospino, 20 g di iperico. Mescolare le erbe, prenderne un cucchiaio e versare una tazza di acqua bollente, lasciare in infusione per otto minuti, filtrare e bere tre tazze al giorno. Anche i bagni alla lavanda sono efficaci per stimolare la circolazione. Con la lavanda Aggiungere 100 g di fiori di lavanda a un litro di acqua bollente; lasciare in infusione per otto minuti, quindi filtrare. Versare l'infuso nell'acqua del bagno prima di fare il bagno.

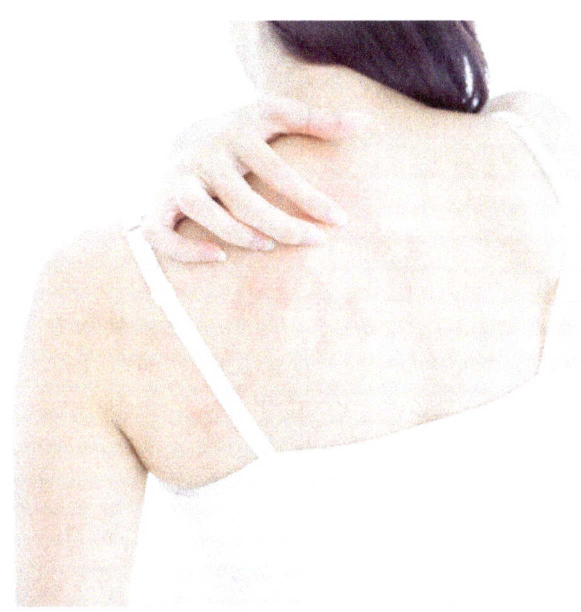

Eczema

Grazie alle sue proprietà lenitive e antinfiammatorie, la lavanda può avere un trattamento molto efficace per l'eczema e per le condizioni della pelle in generale. Versare 2 gocce di olio essenziale di lavanda, 2 gocce di olio di camomilla e 2 gocce di olio di tea tree in mezzo litro di acqua fredda. Mescolare accuratamente gli ingredienti e immergere un panno nella miscela. Strizzarlo e applicarlo sulla pelle affetta da eczema, lasciandolo in posa per 25 minuti. Questo impacco aiuta a ridurre l'infiammazione e a rigenerare la pelle.

Forfora

L'olio essenziale di lavanda aiuta a riequilibrare il cuoio capelluto ed è efficace contro gli arrossamenti e la desquamazione che possono causare la forfora. Mescolare 5 gocce di olio di lavanda con 5 gocce di olio di camomilla. Aggiungere una goccia di olio di camomilla a due cucchiai di olio di jojoba. Applicare questa miscela sul cuoio capelluto e distribuirla su cute e capelli; lasciare agire per 1 ora, quindi lavare con uno shampoo delicato. Fare uno shampoo delicato e risciacquare bene i capelli. In alternativa, utilizzare una miscela di 5 gocce di olio di lavanda e 5 gocce di olio di camomilla in 1 litro di acqua calda.

Gonfiore di stomaco

La lavanda ha anche proprietà anti-ulcera e può aiutare l'intestino gonfio. In effetti, la medicina popolare raccomandava già l'uso dei fiori di lavanda per la flatulenza lieve. Mescolate 30 g di fiori di lavanda, 30 g di semi di finocchio e 30 g di chiodi di garofano per ottenere una tisana che aiuti a eliminare i gas intestinali. Prendere 1 cucchiaio di questa miscela e 250 ml (1 tazza) di acqua e far bollire per 5 minuti, mettere in infusione per altri 5 minuti, lasciar raffreddare, filtrare e bere una tazza dopo il pasto principale. Per i crampi addominali, si consiglia una tisana a base di un cucchiaino di fiori di lavanda versato su acqua bollente; lasciare in infusione per 8 minuti, filtrare e bere una tazza due volte al giorno.

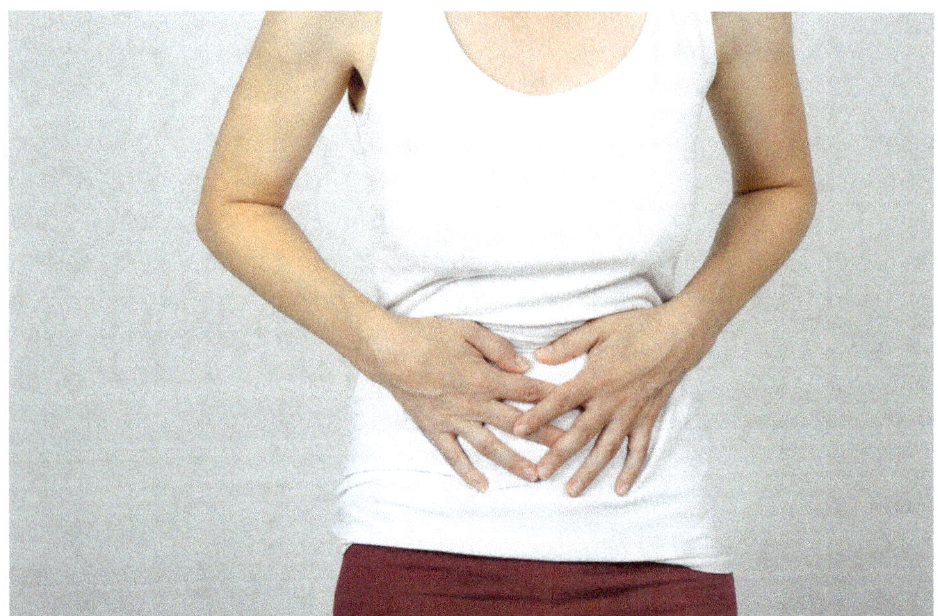

Herpes labiale

Uno dei vari rimedi naturali per le fastidiose vescichette sulle labbra consiste nell'applicare dei batuffoli di cotone sulla zona arrossata non appena si notano i primi segni dell'herpes. Applicare alcune gocce di olio essenziale di lavanda sul batuffolo di cotone. Questa operazione deve essere eseguita almeno due o tre volte al giorno per evitare che l'herpes si diffonda e ridurre il gonfiore e il disagio.

Insonnia

Studi scientifici hanno confermato che la lavanda è molto efficace come sedativo. Questa proprietà della lavanda può essere sfruttata anche per superare l'insonnia e ottenere una migliore qualità del sonno. Esistono diversi modi per farlo. Per diffondere il vapore dell'olio di lavanda in casa o in camera da letto, mettete 15 gocce di essenza in un vaporizzatore o in un bruciatore di essenze (se usate una lampada, ricordatevi di spegnerla prima di andare a letto). Oltre a 8 gocce di essenza di lavanda, si possono aggiungere al bruciatore 4 gocce di essenza di cedro, 4 gocce di essenza di gelsomino e 4 gocce di essenza di bergamotto. In poche parole, prima di andare a letto, inalare 3 gocce di essenza di lavanda e 2 gocce di olio di camomilla in un fazzoletto. In alternativa, imbottite il vostro cuscino di lavanda, seguendo l'esempio del re di Francia, che voleva un cuscino di fiori di lavanda. Per ottenere questo effetto, basta applicare tre gocce di olio essenziale su una federa o un lenzuolo e respirare profondamente il profumo mentre ci si sdraia. Per ottenere lo stesso effetto, si può mettere sotto il cuscino un piccolo sacchetto di garza con fiori secchi. Il modo più sicuro per migliorare il sonno è fare un bagno rilassante con essenza di lavanda prima di andare a letto. Per farlo, si possono diluire 10 gocce di lavanda in una tazzina di latte e versarle in un bagno di acqua calda, oppure mescolare 5 gocce di olio di lavanda e 5 gocce di olio di camomilla con un cucchiaio di miele e versarle nell'acqua del bagno. Anche i massaggi e gli impacchi delicati possono favorire il sonno. Aggiungere una goccia di olio di lavanda, una goccia di olio di mandarino e una goccia di olio di arancia a un cucchiaio di olio di jojoba. Massaggiare delicatamente le tempie e il plesso solare con questa miscela.

Lividi e Contusioni

Urti e contusioni possono causare la rottura dei capillari, con conseguenti lividi ed ematomi. L'essenza di lavanda può contrastare il dolore e il gonfiore e aiutare a ripristinare i vasi sanguigni. Applicare alcune gocce di olio di lavanda sulla contusione, coprire con un panno imbevuto di acqua fredda e lasciare agire. In alternativa, immergete la zona dolorante in un bagno o in una bacinella con acqua miscelata con cinque gocce di olio di lavanda e cinque gocce di olio di cipresso, che migliora la circolazione sanguigna.

Mal di schiena

I massaggi e i bagni con olio essenziale di lavanda sono considerati un rimedio molto efficace per i muscoli e i legamenti doloranti della parte bassa della schiena. Preparate una lozione con 8 gocce di lavanda e 8 gocce di olio essenziale per il massaggio. Mescolare l'olio di pepe nero e altre 8 gocce di olio di kajeput con 50 ml di olio di mandorle. Questa miscela può essere utilizzata per un massaggio eseguito in una stanza riscaldata per alleviare il mal di schiena. In alternativa, un bagno in acqua calda con con 10 gocce di olio essenziale di lavanda mescolato con argilla verde permeabile.

Mal di stomaco

L'estratto di lavanda combatte anche i dolori di stomaco e favorisce la digestione. Infatti, combatte anche le infiammazioni, favorisce l'attività digestiva e stimola il fegato. Come rimedio contro i dolori di stomaco si può preparare un decotto di lavanda. Versare un cucchiaio di fiori secchi in una tazza di acqua bollente e lasciare in infusione per otto minuti. Lasciare raffreddare, filtrare e bere dopo i pasti. È preferibile assumerlo dopo i pasti. Per il bruciore di stomaco e i crampi allo stomaco causati da irritazione nervosa, mettere tre gocce di essenza di lavanda in una zolletta di zucchero, sciogliere lentamente in bocca e bere. L'olio di lavanda ha proprietà antispasmodiche.

Mal di testa

La lavanda è stata a lungo considerata un ottimo rimedio per varie forme di mal di testa, soprattutto quelle causate da tensione e stress. L'olio essenziale di lavanda ha infatti potenti proprietà sedative e rilassanti e viene utilizzato anche per "alleviare" il mal di testa, soprattutto quello di origine nervosa. Il modo più semplice e tradizionale per alleviare il mal di testa è aggiungere due gocce di olio di lavanda a una pastiglia e strofinarla sulle tempie, Se il dolore persiste, il trattamento può essere ripetuto più volte. In alternativa, si può preparare una miscela con un cucchiaio di olio di mandorle, tre gocce di lavanda e tre gocce di eucalipto; massaggiare le tempie, la fronte, il collo e la nuca con la miscela. Se il mal di testa è causato da tensione, nervosismo o stanchezza, può essere d'aiuto anche un bagno rilassante in una vasca calda. Immergetevi nella vasca e rilassatevi. Diluire 5 gocce di olio di lavanda e 5 gocce di olio di camomilla con un cucchiaio di miele, aggiungere alla vasca, mescolare per sciogliere l'acqua e immergersi per 25 minuti. Un altro metodo tradizionale consigliato per il mal di testa è quello di sciogliere una zolletta di zucchero in bocca e metterci sopra due gocce di essenza di lavanda (il tipo migliore, disponibile in farmacia e in erboristeria). Un rimedio efficace per un mal di testa acuto è applicare un impacco di lavanda sulla fronte. Acquistate un estratto alcolico di lavanda (disponibile in farmacia), imbevete un pezzo di garza nell'estratto, strizzatelo e applicate un impacco freddo sulla fronte. Applicate l'impacco freddo sulla fronte e tenetelo fermo per almeno 30 minuti per rilassarvi. L'inalazione di olio di lavanda è utile per il mal di testa nervoso. Fate bollire un litro d'acqua e, quando bolle, aggiungete alla pentola 5 gocce di essenza di lavanda e 5 gocce di essenza di melissa, poi chinate la testa sulla pentola e coprite la testa con un asciugamano per dirigere il vapore verso di voi. Chiudere gli occhi e inspirare profondamente fino a quando l'essenza non sarà evaporata. In alternativa, versate la stessa miscela di oli essenziali in un bruciatore di essenze e sedetevi accanto ad esso. Chiudere gli occhi e rilassarsi profondamente.

Micosi

La lavanda ha anche proprietà fungicide ed è efficace contro le infezioni fungine, tra cui il piede d'atleta, che provoca arrossamenti e prurito intenso. Per alleviare la micosi del piede d'atleta, aggiungere cinque gocce di lavanda a una bacinella di acqua calda e immergere i piedi per 10 minuti ogni sera.

Nausea

L'olio essenziale di lavanda ha proprietà sedative e stimolanti che possono aiutare a superare disturbi come la nausea. Esiste un metodo collaudato per sfruttare queste proprietà: Applicare tre gocce di olio di lavanda e tre gocce di olio di menta piperita su un fazzoletto e inalare profondamente il profumo per tre volte quando si ha la nausea.

Pidocchi

Una miscela di lavanda e aceto è molto efficace contro i piccoli pidocchi. Mettete a bagno 100 g di fiori di lavanda in mezzo litro di aceto per tre settimane. Agitare periodicamente il contenitore, quindi filtrare dopo tre settimane. L'aceto di lavanda può essere usato per strofinare la testa più volte al giorno in caso di pidocchi. Si può anche preparare uno shampoo alla lavanda per pidocchi. Basta aggiungere qualche goccia di olio di lavanda allo shampoo abituale. Lavate la testa infestata dai pidocchi con questo shampoo, massaggiatelo accuratamente e lasciatelo agire per 10 minuti prima di risciacquarlo.

Punture di insetti

In caso di punture di insetti, rimuovete prima delicatamente il morso, ma usando le dita potreste schiacciare la zona rilasciando il veleno. È meglio usare una pinzetta. Dopo aver rimosso il pungiglione, applicare una goccia di olio di lavanda e una di tea tree oil sul pungiglione, alternando le due gocce di olio. Ripetere questa procedura ogni ora fino alla scomparsa del rossore e del gonfiore. Fino alla scomparsa del gonfiore.

Raffreddore

La lavanda può essere utilizzata come decongestionante per il raffreddore e le malattie correlate (starnuti, tosse, rinite, congestione nasale) con vari trattamenti. L'essenza di lavanda può essere messa in un apposito "bruciatore" o "vaporizzatore" per diffondere l'olio essenziale nell'ambiente, oppure può essere inalata riempiendo un pentolino di acqua calda con cinque gocce di olio essenziale di lavanda e soffiandoci sopra. Questi trattamenti aiutano a sanificare le vie respiratorie e a combattere le infiammazioni. Anche un bagno con 10 gocce di olio di lavanda in acqua calda mescolata a un emulsionante come l'argilla verde traspirante, che si scioglie efficacemente in acqua, può essere efficace contro il raffreddore. Una tisana di 25 g di fiori di lavanda, 25 g di fiori di malva, 25 g di foglie di malva e 25 g di foglie di achillea è efficace per eliminare la tosse. Mescolare tutte queste erbe e conservarle in un contenitore ermetico. Prendetene un cucchiaio in mano, versate una tazza di acqua bollente, lasciate in infusione per 8 minuti, filtrate e bevete più volte al giorno.

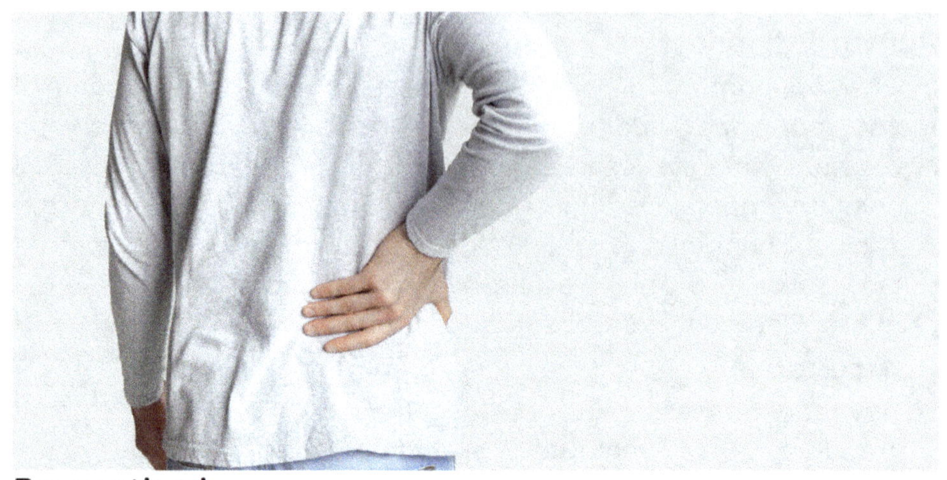

Reumatismi

La lavanda è efficace per alleviare i dolori reumatici. Uno speciale olio da massaggio con proprietà lenitive e antinfiammatorie si prepara mescolando 5 gocce di olio di lavanda, 5 gocce di olio di eucalipto e 5 gocce di olio di camomilla in 50 ml di olio di mandorle. Strofinare delicatamente questa miscela sulle zone di infiammazione e dolore causate dai reumatismi. In alternativa, è possibile preparare una miscela di 2 gocce di olio essenziale di lavanda, 2 gocce di rosmarino e 2 gocce di eucalipto in una ciotola con argilla verde aerata per creare un bagno antinfiammatorio. La miscela può essere versata nell'acqua del bagno, mescolata accuratamente e lasciata in infusione per 25 minuti. In alternativa, si può preparare un decotto di 100 g di fiori di lavanda in 1 litro d'acqua; far bollire per 5 minuti, lasciare in infusione per altri 5 minuti, filtrare e aggiungere all'acqua prima di fare il bagno. Un altro trattamento è un impacco con la tintura madre di lavanda (disponibile in farmacia). Inumidire un pezzo di garza con la tintura e applicarla sulla zona dolente per i reumatismi. Coprite la garza con un asciugamano asciutto e lasciate agire per 15 minuti. Un'altra preparazione per i reumatismi è un decotto di 20 g di fiori di lavanda, versato su acqua bollente e lasciato agire per 10 minuti. Dopo il raffreddamento, filtrare il decotto e utilizzare una garza per assorbire il liquido. Applicare la garza sulla piaga e coprire con un asciugamano. Lasciare agire per 15 minuti e ripetere più volte durante il giorno.

Stitichezza

Per ripristinare la funzionalità intestinale, massaggiare con olio essenziale di lavanda, che stimola la peristalsi. Mescolare un cucchiaio di olio di mandorle o di jojoba con tre gocce di olio di lavanda e tre gocce di olio di basilico. Massaggiare lo stomaco con questa miscela di olio di mandorle o di jojoba con movimenti circolari per stimolare i muscoli intestinali e rilassarli allo stesso tempo.

Scottature solari

L'olio di lavanda puro è il rimedio più semplice e rapido per le scottature e gli eritemi solari. Tamponare delicatamente la zona arrossata con un batuffolo di cotone per alleviare il dolore e prevenire la formazione di vesciche. Come prevenzione si può usare anche un olio protettivo composto da 2 gocce di olio di lavanda e 2 gocce di camomilla diluite in 20 ml di olio di cocco.

Stress

La lavanda ha un effetto calmante e fa bene allo stress in generale. È anche utile per un rapido sollievo in situazioni di stress improvviso e grave. Come "primo soccorso" in queste situazioni, si possono applicare alcune gocce di lavanda su un fazzoletto e inalare profondamente. Per un trattamento a lungo termine si consiglia di avere a disposizione Una miscela di olio essenziale di lavanda rilassante, da utilizzare per bagni e massaggi antistress. Mescolare 8 gocce di olio essenziale di lavanda e 8 gocce di olio essenziale di neroli con un cucchiaio di miele e sciogliere nell'acqua del bagno. Per il massaggio, mescolare gli stessi oli essenziali con 25 ml di olio di sesamo.

Tosse

Per alleviare la tosse si può preparare un efficace miele di lavanda: mescolare 3 gocce di essenza di lavanda (di qualità migliore) con 1 cucchiaino di miele. Poi schiacciatelo lentamente in bocca. Ha proprietà antinfiammatorie e allevia la tosse. Per espettorare l'espettorato si può preparare un decotto di lavanda. Aggiungere un cucchiaino di fiori di lavanda essiccati a una tazza di acqua bollente e lasciare in infusione per otto minuti. Lasciare raffreddare, filtrare e bere due volte al giorno. Addolcire con miele.

Ustioni

Per le piccole ustioni e scottature l'olio di lavanda è un rimedio affidabile e di rapida efficacia. Applicare prima acqua fredda sulla zona ustionata per alcuni minuti. Quindi applicare alcune gocce di olio essenziale di lavanda direttamente sulla zona interessata. L'olio essenziale di lavanda aiuterà ad alleviare il dolore e permetterà all'epidermide di rigenerarsi più velocemente. Ricetta per l'olio curativo per le ustioni: 6 gocce di essenza di lavanda, 2 gocce di essenza di geranio e 1 cucchiaino di olio d'oliva. Mescolare le essenze nell'olio e applicare delicatamente sulla zona ustionata; ripetere questo trattamento più volte al giorno fino a quando non si notano miglioramenti evidenti.

USO QUOTIDIANO DELLA LAVANDA

Grazie alla sua versatilità, la lavanda viene utilizzata per diversi scopi, ma uno dei suoi usi più popolari è quello di deodorante per ambienti interni. In effetti, la lavanda è stata a lungo considerata una delle migliori piante per rinfrescare l'aria, in particolare negli ambienti interni. Il suo profumo è ideale per profumare l'ambiente in quanto è piacevole, non invadente ed evoca armonia, pace ed equilibrio. È possibile sfruttare questa qualità in modo semplice, semplicemente raggruppando le spighe di fiori di lavanda essiccati e appendendole a armadi, letti, finestre e maniglie delle porte. Sui letti, sulle finestre e sulle maniglie delle porte. Ma ci sono altri modi per utilizzare questo tipo di prodotto: vediamoli.

Vaporizzatori di essenze

Un modo semplice per diffondere il profumo della lavanda in casa è quello di utilizzare un vaporizzatore di essenze o un diffusore. Basta aggiungere acqua e qualche goccia di olio essenziale di lavanda al vaporizzatore e la casa si riempirà di un aroma avvolgente che la renderà ancora più piacevole. Un altro ottimo modo per rinfrescare l'aria di casa con l'olio essenziale di lavanda è quello di aggiungere tre gocce all'umidificatore del termosifone. Il calore dell'umidificatore farà evaporare l'umidità e rilascerà il profumo di lavanda.

Nei cassetti e negli armadi

Piccoli sacchetti di cotone o di lino riempiti di lavanda sono ideali per profumare la biancheria nei cassetti e nei comò. Questi piccoli deodoranti possono essere acquistati già pronti nei supermercati per l'uso previsto, ma si possono anche fare in casa. Per prima cosa preparate un sacchettino di garza sottile, riempitelo di fiori di lavanda essiccati, inumiditelo con una goccia di olio essenziale di lavanda (per esaltarne l'aroma naturale), chiudetelo e riempitelo di fiori di lavanda. Riempire con fiori di lavanda essiccati e inumiditi con una goccia di olio essenziale di lavanda (per intensificare l'aroma naturale), chiudere bene e riporre in un armadio o in un cassetto della biancheria. Il profumo di lavanda durerà per diversi mesi.

Profumi per auto

Per rendere più gradevole l'aria dell'auto è comune utilizzare prodotti chimici dall'odore intenso. È possibile profumare l'auto in modo naturale mettendo dei fiori di lavanda essiccati nel posacenere dell'auto e aggiungendo una goccia di olio essenziale di lavanda.

Se si preferisce un profumo più forte, si possono aggiungere due gocce di olio essenziale. Al contrario, se si preferisce un profumo più delicato, è sufficiente utilizzare i fiori secchi.

Decorazioni di lavanda fatti a mano

I fiori di lavanda, soprattutto quelli essiccati, possono essere utilizzati per realizzare oggetti e decorazioni fai-da-te che non solo emanano un dolce profumo, ma possono anche servire come decorazioni per interni. Emanano un dolce profumo provenzale e rendono la casa bella e accogliente. Una bella ghirlanda di lavanda, per esempio. può essere utilizzata come centrotavola o come portacandele. Potete prendere una base per ghirlanda di ramoscelli già pronta (disponibile nei negozi di bricolage) o realizzarla da soli intrecciando del filo di ferro. Inserite quindi le foglie di lavanda essiccate tra i rami della ghirlanda e mettete al centro un fiore fresco.

Per la pulizia e il bucato

La lavanda viene spesso utilizzata anche per profumare e arricchire i prodotti per la pulizia della casa, grazie al suo aroma gradevole e alle sue proprietà antibatteriche. Sono infatti disponibili detergenti per le superfici del bagno e della cucina, come pavimenti, piastrelle e lavandini, nonché saponi e ammorbidenti per la lavatrice e il lavaggio a mano. Tuttavia, le alternative a questi prodotti possono essere realizzate in casa senza l'uso di sostanze chimiche e utilizzando solo materiali naturali e non corrosivi. Ecco alcuni modi per prepararli da soli.

Detergente alla lavanda

Per la pulizia delle superfici di bagno e cucina e dei pavimenti piastrellati, potete preparare in casa un detergente neutro a base di lavanda e altri ingredienti naturali. Preparate mezzo litro d'acqua, quattro fiori di lavanda, un rametto di rosmarino, olio essenziale di lavanda, mezzo limone biologico e bicarbonato di sodio. Riempite d'acqua una pentola capiente e portate a ebollizione. Quindi spegnere il fuoco, aggiungere all'acqua bollente i rametti di lavanda, 8-10 gocce di olio essenziale di lavanda e un rametto di rosmarino e lasciare in infusione per circa 20 minuti, successivamente filtrate il liquido attraverso un colino e raccoglietelo in una ciotola capiente a cui aggiungerete il succo fresco di mezzo limone filtrato e due cucchiai di bicarbonato di sodio.

Mescolare bene per diluire gli ultimi ingredienti aggiunti e versare in un flacone di detersivo vuoto e ben lavato. Il detergente così preparato può essere conservato in frigorifero per una settimana. Il suo effetto è disinfettante e deodorante.

Detersivo di lavanda

La lavanda è molto efficace per rendere i capi più puliti e morbidi e per aggiungere profumo al bucato. Tre gocce di olio essenziale di lavanda possono essere aggiunte all'acqua di risciacquo o mescolate all'ammorbidente nel serbatoio della lavatrice. Una miscela di oli essenziali di tea tree, lavanda, alloro e timo è efficace anche per disinfettare il bucato (soprattutto se si soffre di infezioni fungine). Aggiungete una goccia di ciascun olio nella vaschetta dell'ammorbidente e lavate normalmente.

Aceto di lavanda per pulire i vetri delle finestre

I vetri delle finestre spesso si opacizzano e non mantengono a lungo la loro brillantezza se li si lava solo con acqua e sapone, ma possono essere puliti efficacemente con l'aceto di lavanda. Preparate prima l'aceto di lavanda. Scaldate circa 200 ml di aceto (preferibilmente bianco) in una casseruola dal fondo pesante senza portarlo a ebollizione. Aggiungete alcune pannocchie di mais e abbondanti fiori di lavanda essiccati. Chiudete il vaso e lasciate riposare e macerare il liquido per tre giorni. Quindi inumidite leggermente un panno di cotone e strofinatelo energica-

-mente sui vetri e sui davanzali delle finestre. Potete anche spargere qualche goccia di olio essenziale di lavanda negli angoli della finestra per ottenere un piacevole profumo di lavanda. Applicate l'olio essenziale all'angolo del vetro.

Spray antimuffa

È particolarmente utile per le pareti soggette alla formazione di muffa a causa dell'umidità. Invece di usare detergenti chimici, preparate in casa uno spray antibatterico con olio essenziale di lavanda o altri ingredienti naturali. Mescolate 1 tazza di acqua, ½ tazza di aceto bianco, 1 cucchiaio di bicarbonato di sodio, e 5 gocce di olio essenziale di lavanda in un contenitore spray abbastanza grande.

Agitare bene l'olio essenziale di lavanda e 5 gocce di olio essenziale di limone, spruzzare il liquido ottenuto sulla parete e lasciare agire per diverse ore. Lo strato di muffa si ammorbidirà e potrà essere facilmente rimosso con un panno umido senza danneggiare la parete. Ripetete questo procedimento per una settimana e la muffa scomparirà.

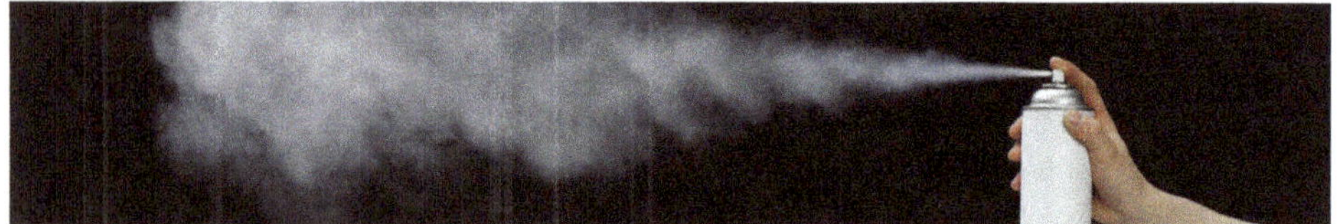

Lucidante per legno

Diluite 2 gocce di olio essenziale di lavanda in una crema o in una cera e riscaldatela prima per profumare il vostro normale smalto per legno. In alternativa, riscaldate prima la cera per renderla più flessibile. Si può anche usare la lavanda essiccata per creare un prodotto naturale che può essere usato per lucidare mobili in legno sia scuri che chiari. Preparate 450 ml di cera d'api e 450 ml di olio d'oliva per il legno chiaro e 450 ml di olio di lino e quattro punte di lavanda per il legno scuro. Mettere la cera d'api e gli oli selezionati in una casseruola grande e scaldare dolcemente a fuoco basso, quindi aggiungere le punte di lavanda. Quando la miscela diventa liquida, rimuovere la lavanda, versare il liquido in un barattolo e lasciare riposare per un giorno.

Dopo di che, questo smalto fai da te renderà la superficie del legno lucida.

Sgrassatore naturale

Un rimedio a base di aceto bianco e lavanda è ottimo per sgrassare le superfici, soprattutto quelle della cucina e i pavimenti. Mettete una quantità generosa di fiori e foglie di lavanda fresca essiccata in una bottiglia di vetro (in modo che occupino circa 3 quintali di spazio) e versate una quantità uguale di aceto bianco (prima riscaldato) in modo da riempire completamente la bottiglia. Tappate la bottiglia, mettetela in un luogo caldo e soleggiato come il davanzale di una finestra, agitate bene ogni giorno e lasciatevela per almeno due settimane. Trascorso questo tempo, filtrate bene, versate il liquido in un contenitore di plastica con spruzzatore, aggiungete 3-4 gocce di olio essenziale di lavanda e diluite con acqua. Infine, utilizzate il detergente per far risplendere la vostra casa di pulizia.

Per lavare i piatti

Per facilitare il lavaggio e rimuovere più velocemente le macchie di unto e le placche da pentole e padelle, potete usare l'oleolito di lavanda. Aggiungete qualche goccia di olio di lavanda a una normale spugna per piatti, aggiungete acqua (preferibilmente bollente) e lavate come di consueto. Noterete subito che lo sporco "scivola via" più facilmente e rapidamente, e le stoviglie profumeranno di lavanda dopo il lavaggio. In alternativa, se l'olio di lavanda da solo non riesce a rimuovere il grasso dalle stoviglie, si può aggiungere una piccola quantità di detersivo per piatti (preferibilmente naturale e dall'odore non troppo forte, in quanto può mascherare il sottile aroma della lavanda).

Un repellente per insetti altamente efficace

La lavanda è un alleato prezioso per respingere gli insetti nocivi. Il profumo dolce ma indesiderato della lavanda è una calamita per zanzare, mosche, tarme e formiche. Per questo motivo, la lavanda viene spesso utilizzata come alternativa ai metodi di disinfestazione aggressivi per tenere lontani gli insetti da biancheria, armadi, case e giardini. Molti prodotti chimici sono aggressivi, quindi ci affidiamo a repellenti naturali e fatti in casa a base di lavanda.

Repellente per mosche

Per respingere le mosche, preparate una miscela repellente mescolando il dolce profumo della lavanda con un più forte profumo di menta. Preparate un pot-pourri mescolando fiori di lavanda essiccati, foglie di menta essiccate e due gocce di olio essenziale di lavanda in un barattolo di vetro, copritelo e lasciatelo in un luogo fresco e buio per due o tre mesi. Trascorso il tempo stabilito, aprite il vasetto di pot-pourri, versate il contenuto in una ciotola e posizionatela davanti a una finestra (o in un altro punto della stanza) per evitare che le mosche entrino in casa.

Candele antizanzare

La lavanda, o più precisamente il profumo dei suoi fiori, è un repellente molto efficace che tiene lontane le odiate zanzare. Potete sfruttare questa proprietà della lavanda per realizzare candele "antizanzare" in casa. Preparate la cera d'api, fatela sciogliere in un bagno d'acqua calda e, quando diventa liquida, toglietela dal fuoco e aggiungete cinque gocce di lavanda. Olio essenziale di lavanda e 3 gocce di olio essenziale di citronella. Mescolare il tutto e versare in un barattolo già dotato di stoppino e tappo. Lasciare raffreddare e indurire prima di utilizzare la candela antizanzare.

Repellente per formiche

Sebbene le formiche siano solitamente attratte dagli odori dolci, le formiche non sopportano l'odore della lavanda. Utilizzate l'olio essenziale di lavanda per tenere lontane le formiche dalla casa e dal giardino: diluite alcune gocce di olio essenziale di lavanda in una bomboletta spray e spruzzate dove si riuniscono le formiche. Versate il liquido sull'infestazione di formiche.

Per la cura di cani e gatti

La lavanda è efficace anche nella toelettatura degli animali domestici, soprattutto per respingere le pulci. Mescolare 30 ml di acqua minerale naturale e 3 gocce di olio essenziale di lavanda, mettere il liquido ottenuto in un contenitore con spruzzatore e spruzzare sul pelo dell'animale. Lasciate asciugare per qualche minuto e poi spazzolate delicatamente. Se non si dispone di una bomboletta spray, si può usare del cotone idrofilo con il liquido per strofinare il pelo.

BELLEZZA
ALLA
LAVANDA

Un mix di "bellezza" utile per la pelle

La lavanda è una delle piante aromatiche più utilizzate da secoli in cosmetica. Già le donne dell'antico Egitto ne facevano uso come cosmetico. I cosmetici alla lavanda utilizzano l'olio essenziale estratto dai fiori di lavanda. In particolare, l'olio essenziale estratto dalle sommità dei fiori di lavanda viene utilizzato nella preparazione di cosmetici naturali alla lavanda, in quanto contiene principi attivi con efficaci proprietà emollienti e anti-età. Inoltre, l'olio essenziale di lavanda viene sempre diluito con olio vegetale, che non irrita la pelle ed è adatto a tutti i tipi di pelle, comprese quelle normali, miste, secche, grasse, sensibili e mature. Per esaltarne le qualità cosmetiche, può essere combinato con altri oli essenziali dalle proprietà simili. A questo proposito, le combinazioni di oli vegetali ed essenziali adatte a tutti i tipi di pelle comprendono. Olio essenziale di lavanda, composto da 4 gocce di olio essenziale di lavanda, 2 gocce di olio essenziale di geranio, 20 ml di olio di mandorle dolci e 10 ml di olio di jojoba. Questo unguento può essere applicato sul viso una volta al giorno per apportare nutrimento in profondità.

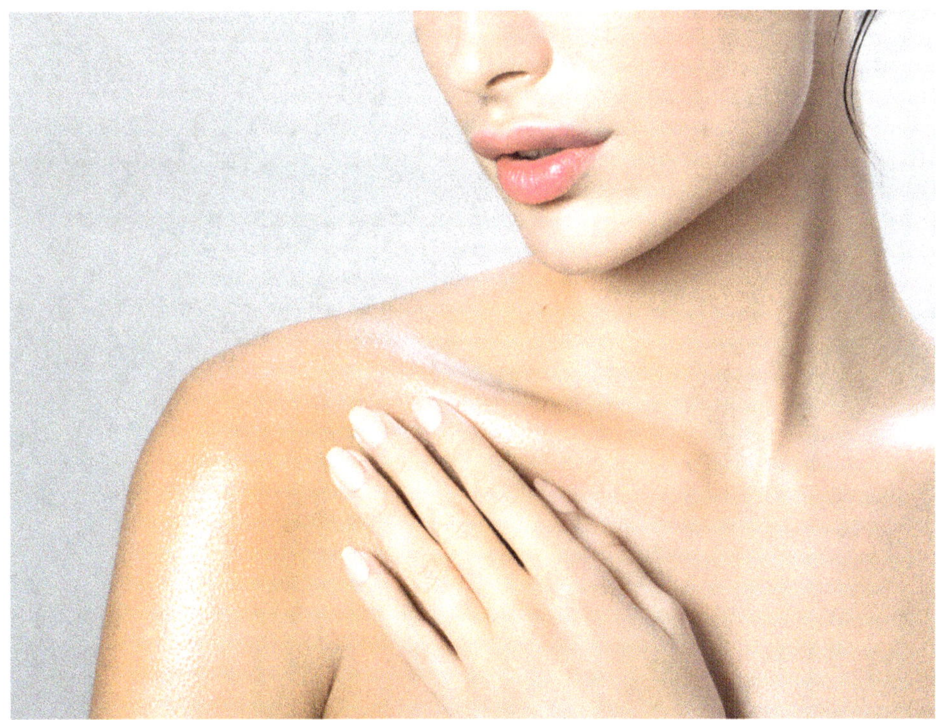

La lavanda è da tempo un ingrediente di molti profumi. La semplice acqua di lavanda è una delle più antiche ed efficaci armi di seduzione, usata dalle donne per rinfrescarsi e profumarsi fin dall'antichità. L'acqua di lavanda può essere facilmente preparata in casa per sfruttarne le proprietà cosmetiche e rigeneranti. È sufficiente una macerazione di circa 60 g di fiori di lavanda in 1 litro di alcol purificato per 15 giorni. Tuttavia, la lavanda è anche nota come fonte della famosa acqua di colonia, una miscela di essenze e profumi naturali. La base di questo "antico" profumo è l'olio essenziale di bergamotto, a cui vengono aggiunte alcune gocce di altri oli essenziali come limone, arancia, mandarino, cedro, pompelmo, lavanda, neroli e rosmarino.

L'acqua di lavanda è una fragranza adatta agli uomini, oltre che per il suo profumo, soprattutto se usata dopo la rasatura. Sul viso, la sua azione lenitiva può ridurre l'eventuale irritazione causate dalla rasatura.

Idrata e protegge la pelle

La lavanda, in particolare il suo olio essenziale, è un alleato indispensabile per mantenere la pelle morbida e idratata. Inoltre, grazie alle sue proprietà lenitive e antinfiammatorie, l'olio essenziale di lavanda protegge la pelle da potenziali irritazioni e infiammazioni. Ecco come sfruttare al meglio i benefici della lavanda, in particolare il suo valore cosmetico.

Pelle secca

Per nutrire in profondità la pelle secca si consiglia una maschera a base di lavanda, miele, camomilla e sandalo. Mescolare 2 gocce di olio essenziale di sandalo, 1 goccia di olio essenziale di lavanda, 1 goccia di olio essenziale di camomilla e 1 cucchiaino di miele in un barattolo di vetro fino ad ottenere un composto omogeneo. Applicare quindi il composto sul viso, facendo attenzione a non toccare gli occhi, e tenerlo in posa finché la maschera non inizia a scaldarsi. Quindi risciacquare bene con acqua, asciugare con un batuffolo di cotone e applicare un sottile strato di crema idratante.

Olio lenitivo

Olio naturale a base di olio di nigella per lenire la pelle ruvida e ravvivare la pelle secca e arrossata. (olio di cumino nero), olio essenziale di tea tree e olio essenziale di lavanda ed è formulato come segue: mescolare insieme circa 25 cucchiai di olio di nigella lenitivo, 25 gocce di olio essenziale di tea tree e 25 gocce di olio essenziale di lavanda. Preparare un unguento liscio con 25 gocce di olio essenziale di lavanda, applicarne una piccola quantità sul viso e massaggiare delicatamente l'intera area con le dita piatte, facendo penetrare l'olio in profondità. L'olio può essere conservato fino a 7 giorni.

Scrub esfoliante

Preparate uno scrub per il viso per rimuovere le cellule morte e preparare la pelle al rinnovamento. In una piccola ciotola versate 1 cucchiaino di miele, 1 cucchiaino di zucchero, un po' di olio di mandorle dolci e 1 goccia di olio essenziale di lavanda. Mescolate bene fino a ottenere un composto omogeneo e applicatelo sul viso, facendo attenzione alla zona degli occhi. Massaggiare delicatamente per ottenere un'esfoliazione e risciacquare con acqua fredda.

Lozione detergente

La lozione di lavanda, miele e latte può essere utilizzata per pulire a fondo il viso senza irritazioni. Scaldare 4 cucchiai di latte, spegnere il fuoco, aggiungere 2 cucchiai di miele e 6 gocce di olio essenziale di lavanda, mescolare bene per formare una massa omogenea. Mescolare bene in modo da ottenere un prodotto omogeneo. Applicare quindi sul viso e lasciare agire per 2-3 minuti, quindi rimuovere con abbondante acqua tiepida.

Crema da giorno

Idratate e proteggete la pelle quotidianamente con una crema da giorno contenente olio essenziale naturale di lavanda. Aggiungete 2-3 gocce di olio essenziale di lavanda alla vostra crema per il viso (preferibilmente neutra), mescolate bene per diluire l'olio e usatelo come base per il trucco ogni mattina dopo il normale lavaggio del viso.

Uno struccante delicato

Per le pelli particolarmente secche, è consigliabile utilizzare uno struccante delicato, in grado di rimuovere i residui di trucco e le impurità senza danneggiarle. L'infuso di lavanda è utile a questo scopo. Mettere mezzo cucchiaino di fiori di lavanda essiccati in acqua bollente, lasciare in infusione per 10 minuti, filtrare e lasciare raffreddare per 15 minuti. Continuare per 15 minuti. Trascorso il tempo necessario, inumidire un batuffolo di cotone con una piccola quantità di liquido e strofinare delicatamente il viso. Il liquido in infusione non può essere conservato, deve essere preparato nuovamente quando ci si strucca.

Siero per pelli normali

In alternativa alle classiche creme, per la pelle normale e non cura, si può utilizzare un prezioso siero lenitivo e idratante. Preparatelo mescolando 2 cucchiai di olio di nocciola, 15 gocce di olio di rosa mosqueta, 5 gocce di olio essenziale di camomilla, 5 gocce di olio essenziale di limone e 5 gocce di olio essenziale di lavanda in un flacone di vetro scuro con contagocce. Agitare bene il flacone sigillato per diluire i diversi oli e aggiungere 2 gocce del prodotto finito. Per il viso e il collo. Nota: ricordarsi sempre di agitare il flacone prima dell'uso.

Misure contro la pelle grassa

Tra le numerose e variegate proprietà cosmetiche della lavanda è degna di nota la sua capacità di regolare l'equilibrio del sebo. I principi attivi della lavanda aiutano a controllare l'eccessiva produzione di sebo, causa dei problemi della pelle grassa. Inoltre, i suoi oli essenziali sono efficaci nel ridurre le imperfezioni cutanee come l'acne e i punti neri.

Maschera detergente

Per pulire la pelle dalle impurità, preparate una maschera detergente. In una piccola ciotola di vetro, unire 1 cucchiaio di argilla verde aerata in polvere, 2 gocce di olio essenziale di lavanda, 2 gocce di succo di limone fresco filtrato, 1 cucchiaino di miele (preferibilmente biologico) e una quantità di acqua minerale naturale sufficiente a ottenere una consistenza di 1,5 ml. Aggiungere una quantità di acqua minerale naturale sufficiente a ottenere una consistenza spalmabile, simile al fango. La maschera va applicata su tutto il viso e massaggiata delicatamente, concentrandosi sulle zone a "T" (naso e fronte) e sul mento, dove tendono a concentrarsi le impurità. Lasciare agire sul viso e rimuovere con abbondante acqua tiepida finché la maschera non è completamente asciutta.

Unguento antiacne

Se avete brufoli antiestetici e problematici sul viso, potete usare una pomata antiacne. Mescolare una goccia di olio essenziale di tea tree e una di olio essenziale di lavanda e applicare direttamente sulla macchia. In alternativa, se l'area acneica è più estesa, si può ricorrere a un altro rimedio naturale. Preparare una miscela di 10 gocce di olio essenziale di tea tree, 10 gocce di olio essenziale di lavanda e 50 ml di olio essenziale di lavanda. Mescolare l'olio essenziale di lavanda con 50 ml di olio di almerina (un olio vegetale estratto dai noccioli di albicocca, ricco di proprietà emollienti e rigeneranti) fino a ottenere un composto omogeneo. Applicare una piccola quantità sul viso due volte al giorno, dopo la normale pulizia del viso.

Un "antidoto" idratante

L'idratazione della pelle è essenziale anche per chi soffre di pelle grassa. L'olio di jojoba, nonostante la sua natura oleosa, ha proprietà antibatteriche che lo rendono ideale per combattere le imperfezioni della pelle. Per potenziare ulteriormente le sue proprietà, si può combinare con l'olio essenziale di lavanda, che ha un effetto simile. Mescolate quindi 2 cucchiai di olio di jojoba, 3 gocce di olio essenziale di lavanda, 3 gocce di olio essenziale di cedro e 3 gocce di olio essenziale di mirra per ottenere un unguento omogeneo.

Poi Applicare la quantità desiderata sulla pelle una volta al giorno.

Detergente delicato

Preparare una miscela di 1 cucchiaio di succo di cetriolo e 2 cucchiai di crusca di mandorle, aggiungendo 2 gocce di olio essenziale di lavanda per una pulizia profonda. Applicare sul viso, tranne che sul contorno occhi, massaggiare delicatamente e rimuovere con abbondante acqua tiepida alla fine. Assicurarsi di utilizzare abbondante acqua tiepida. Questo detergente è adatto anche per le pelli impure soggette a brufoli, punti neri e altre imperfezioni cutanee.

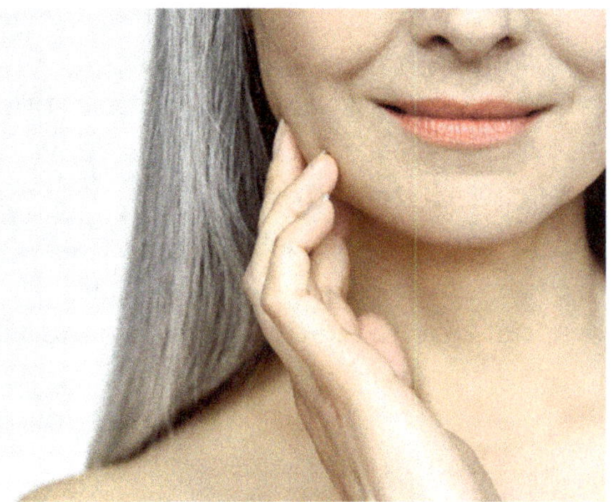

Un trattamento anti-età mirato

La lavanda è un efficace ingrediente anti-età ed è molto indicata per cancellare le tracce del tempo dalla pelle del viso. È sufficiente mescolare alcune gocce di olio essenziale di lavanda con altri oli vegetali dalle proprietà simili e applicare regolarmente l'unguento. L'unguento può essere applicato regolarmente per combattere le rughe e il rilassamento cutaneo. Vediamo i vari trattamenti anti-età a base di lavanda.

Olio antirughe

Per sfruttare al massimo le proprietà rigeneranti e antietà dell'olio essenziale di lavanda, preparate un unguento antirughe aggiungendo 20 gocce di olio essenziale di lavanda a 30 ml di olio di rosa mosqueta. Conservatelo in un piccolo barattolo di vetro e applicatene qualche goccia sul viso una volta al giorno. Fate attenzione a trattare più le zone in cui si concentrano le rughe. Attenzione, però, a non far entrare l'olio negli occhi.

Scrub rinfrescante

Rinfrescate la pelle matura con uno scrub rinfrescante ed esfoliante alla menta e alla lavanda. Versare una manciata di menta piperita e di lavanda in un frullatore, aggiungete una manciata di farina d'avena, circa 5-6 mandorle intere sbucciate, mezzo cucchiaino di foglie di menta essiccate e mezzo cucchiaino di fiori di lavanda essiccati e frullate per qualche minuto fino a ottenere una polvere. Fino a ottenere una consistenza polverosa. Versate quindi questo composto in una ciotola di vetro capiente e aggiungete un cucchiaio di argilla bianca in polvere (in alternativa potete usare argilla verde aerata in polvere, che ha proprietà cosmetiche molto simili), un cucchiaino di miele biologico, una quantità adeguata di acqua minerale naturale sufficiente a ottenere un prodotto spalmabile. Applicare su viso e collo, massaggiare delicatamente con movimenti circolari, lasciare agire per tre minuti e risciacquare con abbondante acqua.
Dopo 3 minuti, risciacquare con abbondante acqua tiepida.

Siero tonificante

Per mantenere la compattezza e l'elasticità del viso dopo i 50 anni, sfruttate le proprietà anti-età di un siero con oli botanici ed essenziali. Mescolate in una piccola ciotola 3 cucchiai di olio di mandorle dolci, 10 gocce di olio essenziale di lavanda, 10 gocce di olio essenziale di enotera, 10 gocce di olio essenziale di carota, 10 gocce di olio essenziale di finocchio. olio, 10 gocce di olio essenziale di finocchio, 10 gocce di olio essenziale di neroli, 2 gocce di olio essenziale di limone e 2 gocce di olio essenziale di rosmarino per ottenere un unguento.
Si mette in una bottiglia di vetro scuro con una pipetta e si agita bene. Si applicano quindi due gocce su viso, collo e décolleté e si massaggia delicatamente con movimenti circolari fino all'assorbimento dell'unguento.
Il prodotto così preparato può essere conservato in frigorifero fino a una settimana, ma ogni volta, prima dell'uso, va agitato per ridiluire i vari oli.

Dona lucentezza ai capelli

Capelli brillanti

Il potere riequilibrante della lavanda non è utile solo per combattere i problemi della pelle grassa come l'acne, ma anche per combattere i capelli "grassi" che tendono a sporcarsi e ad apparire unti. I principi attivi del fiore di lavanda aiutano anche a ridurre la forfora e a donare lucentezza e luminosità ai capelli in generale. Su tutta la lunghezza dei capelli. Ecco come funziona.

Risciacquo antigrasso

Per combattere i capelli grassi, dopo il normale shampoo preparate un risciacquo "antigrasso" a base di lavanda. Aggiungete quattro cucchiai di fiori di lavanda essiccati a un litro di acqua bollente, lasciate agire per 20 minuti, filtrate il liquido e sciacquate immediatamente su tutto il cuoio capelluto e i capelli. Fate questo trattamento una volta alla settimana.

Shampoo delicato

Rafforzate i capelli con uno shampoo delicato rinforzante alla lavanda. Preparare uno shampoo delicato per bambini, versarlo in una piccola ciotola e mescolarlo con 2 gocce di olio essenziale di lavanda per un lavaggio. Massaggiare bene il cuoio capelluto, distribuire sui capelli e lasciare agire per 2-3 minuti. Quindi risciacquare abbondantemente con acqua tiepida.

Spray illuminante

Date più lucentezza ai vostri capelli con l'acqua di lavanda. Immergete ogni mattina la spazzola in qualche goccia di acqua di lavanda, poi passatela tra i capelli e spazzolateli come al solito: i capelli diventeranno immediatamente lucidi e avranno un buon profumo. Potete anche preparare una lozione mescolando due gocce di olio essenziale di lavanda e due gocce di olio essenziale di sandalo in due cucchiai di acqua di rose. Diluire bene fino ad ottenere un prodotto omogeneo e applicare sui capelli dopo lo shampoo, sul cuoio capelluto e sulla lunghezza. Lasciare asciugare e terminare con il normale styling.

Trattamento antiforfora

Per il trattamento della forfora, immergere 40 g di fiori di lavanda in 2 l di alcol a 30° e lasciare in un luogo buio, fresco e asciutto per 10 giorni. Trascorso il tempo stabilito, filtrare il liquido e versarlo in una bottiglia di vetro pre-sterilizzata. Dopo il normale shampoo, applicare 2 gocce sul cuoio capelluto, massaggiando bene tutta l'area.

Si consiglia di ripetere il trattamento due o tre volte alla settimana per un risultato più efficace e duraturo.

Olio per capelli setosi

Una combinazione di olio di ricino e olio essenziale di lavanda è efficace per rendere i capelli setosi e lucenti. Diluire 1 cucchiaino di olio di ricino con 3 gocce di olio di lavanda, mescolare bene e distribuire sui capelli. Lasciare agire per tutta la notte e risciacquare il mattino seguente.

Modella fianchi e glutei

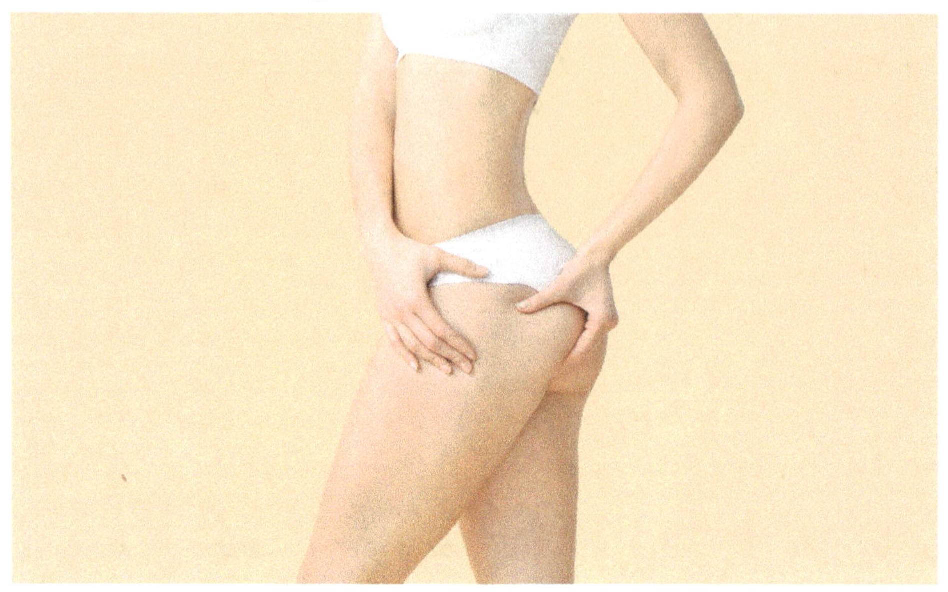

Riduce la cellulite e le smagliature

La lavanda ha proprietà diuretiche ed è un fedele alleato nella lotta contro la cellulite e la buccia d'arancia. Questa erba aromatica aiuta a ridurre l'acqua in eccesso, l'accumulo di scorie e tossine, il gonfiore (soprattutto nella parte inferiore delle gambe) e la ritenzione idrica concentrata nelle zone "chiave" come gambe, cosce e glutei. Anche i principi attivi dell'olio essenziale di lavanda derivano dalla parte superiore del fiore di lavanda e svolgono una preziosa azione depurativa e tonificante sui tessuti di tutto il corpo. Vedi anche alcuni semplici trattamenti a base di lavanda da fare a casa per rimodellare cosce e glutei e ridurre la cellulite.

Olio elastico

Le proprietà cicatrizzanti ed elastiche dell'olio essenziale di lavanda lo rendono efficace contro le smagliature. Preparate l'olio a questo scopo. Mescolate 20 gocce di olio essenziale di lavanda con circa 100 ml di olio vegetale per ottenere un burro per il corpo. Per questo olio si consiglia l'olio di nocciola, ricco di proprietà astringenti e adatto alle pelli "flaccide" con smagliature e cellulite; mescolare gli ingredienti fino ad una consistenza omogenea e applicare su gambe, cosce e glutei.

Bagno tonificante

I fiori di lavanda essiccati possono essere aggiunti a un normale bagno per tonificare il corpo. Preparate un piccolo sacchetto di cotone, Mettete una manciata di fiori di lavanda essiccati sotto l'acqua corrente e in una vasca da bagno piena, a una temperatura massima di 35°C. Immergete quindi i piedi nell'acqua per almeno 15-20 minuti e massaggiateli delicatamente con il sacchetto di lavanda, sfruttando al meglio le speciali proprietà della pianta. Terminare sciacquando i piedi con acqua leggermente fresca e asciugandoli con un asciugamano di cotone. Ripetete il trattamento una volta alla settimana prima di andare a letto la sera.

Scrub profumato

Un modo utile per levigare i cuscinetti adiposi, rimuovere le cellule morte e favorire il rinnovamento della pelle è quello di utilizzare uno scrub con sale, miele e olio essenziale di lavanda. In una piccola ciotola di vetro unite 2 cucchiai di sale fino (preferibilmente integrale), 1 cucchiaio di miele biologico, 1 cucchiaio di mandorle tritate finemente e 3 - 4 gocce di olio essenziale di lavanda e mescolate bene fino a ottenere un composto omogeneo. Se il composto è troppo denso, aggiungere qualche goccia di acqua calda. Fare una doccia o un bagno, inumidire delicatamente la pelle delle gambe e dei glutei con acqua tiepida e lavorare con movimenti circolari dal basso verso l'alto. Continuare il massaggio per alcuni minuti e poi risciacquare con acqua tiepida.

Crema idratante per il corpo

Preparate in casa una crema all'olio essenziale di lavanda da usare dopo il bagno o la doccia. Sciogliere a bagnomaria un cucchiaio di cera d'api, schiacciandola prima, e quando diventa liquida, aggiungere mezza tazza di olio di mandorle dolci, mescolare bene e lasciare raffreddare per 2-3 minuti, facendo attenzione che non si indurisca. A parte, mettete mezza tazza d'acqua in un frullatore, azionate il frullatore a bassa velocità e aggiungete gradualmente la miscela di cera d'api e olio di mandorle preparata in precedenza. Aggiungere quindi 15 gocce di olio essenziale di lavanda e frullare nuovamente per amalgamare meglio. Infine, versare la crema in un barattolo di vetro sterilizzato, chiuderlo e conservarlo in un luogo fresco e asciutto, lontano dalla luce diretta del sole. La crema può essere conservata in un luogo buio e asciutto per circa 5 mesi.

Trattamenti leviganti

Per la cellulite, la buccia d'arancia e la ritenzione idrica si può usare una volta alla settimana uno scrub levigante, che rimuove le cellule morte e rende la pelle più soda in ogni parte. Preparate il trattamento a casa. In una piccola ciotola di vetro unite 2 cucchiai di sale grosso (esfoliante), 1 cucchiaio di olio d'oliva (idratante), mezzo cucchiaino di olio di mandorle dolci (elasticizzante), 1 cucchiaino di fiori di lavanda essiccati e 2 gocce di olio essenziale di lavanda e mescolate bene fino ad ottenere un composto omogeneo.

Inumidire leggermente con acqua calda e spalmare uniformemente su gambe, cosce e glutei. Per migliorare ulteriormente l'efficacia dello scrub, strofinare con forza la zona interessata con movimenti circolari dal basso verso l'alto, lasciando defluire il liquido in eccesso. Terminare l'applicazione sul corpo. Acqua fresca in abbondanza.

Efficace come trattamento doposole

La lavanda è efficace per combattere la cellulite e la pelle a buccia d'arancia, oltre ad alleviare le infiammazioni e gli arrossamenti causati da un'eccessiva o scorretta esposizione al sole. È particolarmente utile preparare in casa una protezione o una lozione dopo l'esposizione al sole per sfruttare le proprietà lenitive e antinfiammatorie della lavanda. Effetto rinfrescante e lenitivo.

Spray rinfrescante

Riempire un contenitore spray di plastica (ben lavato) con circa 200 ml di acqua minerale naturale, aggiungere 20 gocce di olio essenziale di lavanda, chiudere bene, agitare e raffreddare per qualche minuto. Quando lo spray si raffredda, agitare nuovamente il contenitore e spruzzare il liquido sui piedi dopo essere stati al sole. L'acqua di lavanda non è solo rinfrescante, ma ha anche proprietà cosmetiche. Questa operazione può essere ripetuta più volte a intervalli di 30 minuti.

Crema lenitiva

Preparate una crema solare naturale di buona qualità con proprietà lenitive e antinfiammatorie. Mescolare 120 ml di crema idratante neutra, (per i bambini) 1 cucchiaio di gel di aloe vera, 2 gocce di olio essenziale di lavanda, 2 gocce di olio essenziale di menta piperita e 2 gocce di olio essenziale di camomilla, mescolare il tutto e trasferire in un vasetto in un barattolo di vetro sigillato e ben disinfettato. Esporre quindi al sole prima di applicare la crema.

LA LAVANDA
IN CUCINA

Le spighe dei fiori di lavanda sono di colore lilla pallido e piene di piccoli fiori, che non solo sono salutari e alleviano i disturbi lievi, ma possono anche essere utilizzati in cucina. Tuttavia, il particolare aroma dei fiori di lavanda è stato a lungo un fattore limitante per il suo uso culinario. I primi a utilizzare la pianta in cucina furono i monaci medievali che usavano le piccole foglie fresche e i fiori, anch'essi freschi o essiccati, per arricchire il sapore dei cibi, oltre che per conferire agli alimenti benefici fisici e mentali e benefici per la salute. Oggi, famosi chef di tutto il mondo includono nei loro menu anche piatti dolci e salati a base di lavanda. Piatti profumati a base di lavanda Grazie all'aroma ricco e particolare dei fiori di lavanda, può essere utilizzata allo stesso modo di molte altre erbe aromatiche dal sapore più "tradizionale" e conosciuto, come rosmarino, timo, alloro, salvia e finocchio. I fiori di lavanda possono essere utilizzati freschi, sciacquati sotto l'acqua corrente e leggermente asciugati con un panno, oppure essiccati per ottenere un piatto gustoso dall'aroma insolito. I primi sono adatti a ricette fredde come bruschette, creme e insalate, i secondi a ricette calde come arrosti, risotti e dolci. I fiori freschi possono anche essere canditi e utilizzati per decorare i dolci, aggiunti a marmellate e gelati e utilizzati per produrre aceti aromatici. Anche gli sciroppi ottenuti dai fiori sono ottimi. Vengono utilizzati soprattutto nei dolci.

Quando si tratta di cucinare con la lavanda, la parola chiave è "sperimentare". Mettete alla prova il vostro palato e provate sapori diversi da quelli tradizionali del luogo. La lavanda può essere utilizzata per aggiungere un sapore originale e appetitoso a piatti dolci e salati. Anche i fiori freschi o secchi possono essere utilizzati per esaltare il sapore dei cibi. Esistono addirittura interi menu: colazione al mattino, pranzo al pomeriggio e cena alla sera.

Colazione

La lavanda può essere utilizzata per preparare una colazione completa. I fiori di lavanda possono essere utilizzati come ingrediente "tradizionale" per la colazione, ma possono avere un sapore più sofisticato, con aromi che ricordano il paesaggio provenzale. Anche il tè alla lavanda e un cucchiaino di marmellata di albicocche alla lavanda su pane ai cinque cereali tostato possono essere serviti come colazione "alternativa". Per preparare il tè alla lavanda, versare un cucchiaino di fiori di lavanda essiccati su acqua bollente, lasciare in infusione, filtrare bene e bere senza zucchero. In alternativa, si può aggiungere un cucchiaino di miele biologico. L'infuso di lavanda può essere combinato con altre erbe, ad esempio il tiglio. Il procedimento è abbastanza semplice: basta mettere in infusione quantità uguali delle due erbe in una bustina per tisane.

Pranzo e cena

Ci sono infiniti modi per utilizzare la lavanda nei piatti del pranzo e della cena. I fiori essiccati della pianta possono essere utilizzati per esaltare il sapore di torte salate e sformati di verdure, ma anche per addolcire il gusto di risotti e primi piatti, ad esempio al posto di erbe classiche come alloro e rosmarino. La lavanda è anche un ottimo ingrediente per le salse dei secondi piatti, in particolare per l'arrosto di maiale, il vitello cotto e altri piatti di carne.

Dolci

La lavanda è particolarmente indicata nei prodotti da forno: creme, biscotti, muffin e crostatine.

Gli antipasti

Polpettine di mais con formaggio, lavanda e miele	88
Palline di caprino, mandorle e fiori di lavanda	89
Tortino di zucchine e lavanda	90
Bruschette di pomodorini, mozzarella e lavanda	91
Quiche ai formaggi e lavanda	92

Le ricette di Lavanda

Polpettine di mais con formaggio, lavanda e miele

Ingredienti per 4 persone

- 250 g di ricotta fresca
- 90 g di pecorino grattugiato
- 1 uovo
- farina di granturco qb
- farina di mais qb
- 4 rametti di lavanda
- 2 cucchiai di miele di lavanda
- sale
- pepe
- sale marino da macinare
- olio di semi per friggere

Preparazione

Crea un mix pastoso amalgamando ricotta, pecorino, sale, un po' di pepe e le foglie di lavanda sminuzzate.

Lascia riposare in frigo per mezz'ora.

Crea delle polpette immergendole prima nella farina di mais, poi in un composto di uovo sbattuto con un pizzico di sale, e di nuovo nella farina.

Friggi le polpettine nell'olio di semi e quando sono ancora calde, versaci il miele e i fiori di lavanda.

Termina con un pizzico di sale macinato.

Palline di Caprino, Mandorle e fiori di Lavanda

Ingredienti per 4 persone

- 200 g di Caprino
- 1 Rocamadour
- 2 cucchiaini du Mandorle Tritate
- 200 g di farina

- 4 cucchiaini di fiori di Lavanda
- Sale
- Pepe in grani

Preparazione

Scolate il formaggio di capra e lavoratelo con una forchetta. Aggiustate di sale e pepe.

Aiutandovi con le mani formate otto palline di dimensioni uguali.

Nel frattempo mescolate le mandorle e i fiori di lavanda.

Passate le palline di caprino nel composto di mandorle e fiori di lavanda.

Lasciate riposare le palline in frigorifero.

Servitele fredde.

Tortino di zucchine e Lavanda

Ingredienti per 4 persone

- 200 g di Caprino
- 1 Rocamadour
- 2 cucchiaini du Mandorle Tritate
- 200 g di farina
- 4 cucchiaini di fiori di Lavanda
- Sale
- Pepe in grani

Preparazione

Sbucciare la cipolla, tritarla finemente e farla soffriggere in una padella con olio d'oliva. Dopo qualche minuto, aggiungere alla cipolla le carote sbucciate e tagliate a pezzetti, le zucchine lavate e tagliate a dadini, salare, coprire e cuocere a fuoco basso per qualche minuto.Togliere le verdure dal fuoco, aggiungere il prezzemolo fresco lavato e tritato e mettere da parte. Disporre quindi la pasta brisée in una teglia rotonda, distribuire i fagioli secchi sulla superficie e infornare a 180 °C per 20 minuti. Nel frattempo, preparare la besciamella alla lavanda. Aggiungere la lavanda al latte di soia e portare a ebollizione, quindi spegnere immediatamente il fuoco. A parte, in una padella antiaderente aggiungere un cucchiaio di olio extravergine di oliva e, quando è caldo, aggiungere la farina e farla soffriggere per qualche minuto. Quindi filtrare il latte e aggiungerlo alla farina, mescolando continuamente in modo che non risulti troppo denso o liquido. Aggiungere quindi il sale. Infine, disporre le verdure sulla pastella di brioche precotta, coprire con la besciamella e il pangrattato e cuocere in forno a 180°C per 45 minuti.

Bruschette di pomodorini, mozzarella e lavanda

Ingredienti per 4 persone

- 4 cucchiai di fiori di lavanda,
- 25 pomodorini,
- 400 g di mozzarella,
- 2 dl di panna fresca liquida,
- 8 fettine di pane casereccio,
- olio extravergine di oliva q.b.,
- sale q.b.

Preparazione

Lavare i pomodori e tagliare le cime.

Sbollentarli per qualche minuto con un coltello su entrambi i lati. Immergerli in abbondante acqua calda. Quindi scolarli e sbucciarli, tagliare a metà, eliminare i semi dall'interno e tagliare a spicchi.

Tagliare la mozzarella a fette e mescolarla con la panna fresca. La panna non deve essere troppo densa o troppo liquida.

Tostate le fette di pane sottili nel forno, e quando sono diventate croccanti, toglierle dal forno e trasferirle in un piatto da portata. Quindi spalmare la crema di mozzarella sul pane e aggiungere pomodori, un pizzico di Fiori di lavanda, sale e olio extravergine di oliva. In alternativa, se preferite una bruschetta più leggera, condite il pane senza la mozzarella. Pomodori e lattuga, sempre guarniti con fiori di lavanda con fiori di lavanda.

Quiche ai formaggi
e lavanda

Ingredienti per 4 persone

- una confezione di pasta brisée
- un porro,
- 3 uova,
- 250 g di ricotta di capra,
- 100 g di formaggio grattugiato,
- 2 cucchiai di fiori di lavanda essiccati,
- un cucchiaio di burro,
- sale q.b.,
- pepe nero
- macinato q.b.

Preparazione

Sbucciare i cipollotti, tritarli finemente e soffriggerli in una padella antiaderente con 1 cucchiaio di burro (se non si desidera utilizzare il burro, è possibile sostituirlo con 1 cucchiaio di olio extravergine di oliva).

Mettete quindi 1 uovo intero e 2 tuorli in una ciotola capiente e sbattete energicamente fino a ottenere un composto spumoso. Aggiungere quindi la ricotta, il formaggio grattugiato, la lavanda e il pepe nero e mescolare nuovamente il tutto. Infine, aggiungere alla ciotola le cipolle verdi preparate in precedenza. nella ciotola.

Con un frullatore a immersione, frullare fino a ottenere una consistenza liscia e cremosa. Disporre la pastella brianzola preparata su una teglia rotonda (leggermente oliata e spolverata di farina in precedenza), versare il composto nella parte inferiore del forno a 180 °C per circa 45 minuti. Mettere in forno e cuocere a 180 °C per circa 45 minuti.

I primi

Le ricette di Lavanda

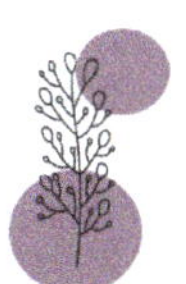

Risotto al prosecco
e fiori di lavanda

Ingredienti per 4 persone

- 360 gr di riso Carnaroli
- 20 g di burro
- 1 scalogno
- 10 foglie di salvia
- 1 litro di prosecco
- ½ litro di brodo vegetale

- 50 gr di fiori freschi di lavanda
- 1 limone
- sale
- pepe
- olio extra vergine d'oliva

Preparazione

Trita e fai rosolare lo scalogno insieme alla salvia e al burro;

Versaci il riso per tostarlo e aggiungi il prosecco;

Mescola assieme anche i fiori;

Quando il vino è evaporato, continua la cottura con il brodo.

Sala il risotto e aggiungi del pepe e una grattuggiata di limone a piacimento; manteca con il burro e decora con altri fiori di lavanda.

Pasta tonno

e lavanda

Ingredienti per 4 persone

- 250 g di penne,
- 250 g di tonno sott'olio,
- 4-5 spighe di fi ori di lavanda,
- un limone,
- olio extravergine d'oliva q.b.,
- sale q.b.,
- pepe nero macinato q.b.

Preparazione

Cuocere la pasta in abbondante acqua salata.

Nel frattempo, mettere la polpa di tonno ben sgocciolata in una ciotola capiente, aggiungere un po' di olio extravergine d'oliva e sbattere con una forchetta fino a quando non diventa tenera.

Aggiungere quindi la scorza grattugiata del limone biologico, i fiori di lavanda (privati dei gambi, lavati sotto l'acqua corrente e asciugati con carta assorbente) e un pizzico di pepe nero macinato, e mescolare fino a ottenere un composto omogeneo.

Quando la pasta è cotta, scolarla, versarla in una ciotola con la salsa pronta, aggiungere un po' di acqua di cottura per renderla cremosa e mescolare bene. Servire calda, guarnita con lavanda essiccata.

Se si preferisce, si può utilizzare del tonno selvatico più delicato al posto del tonno sott'olio.

Pasta con Ricotta e Pepe al Profumo di Lavanda

Ingredienti per 2 persone

- 150 g di spaghetti
- 200 g di ricotta mista
- 1 mezza noce di burro
- Sale e Pepe
- Semi di lavanda

Preparazione

Mettere sul fuoco la pentola per la cottura della pasta.

Salate l'acqua di cottura della pasta, ma non aggiungete troppo sale. Usare un po' dell'acqua di cottura della pasta per diluire la ricotta e ottenere una deliziosa crema morbida. Lessate gli spaghetti e girateli appena l'acqua bolle, altrimenti si attaccheranno.

Mettete la ricotta e il burro in una ciotola di vetro, aggiungete un mestolo di acqua calda per sciogliere il burro e mescolate la ricotta e il burro fino a ottenere una crema.

Appena la pasta è cotta, al dente o leggermente scotta a seconda dei gusti, scolatela e fatela saltare con la crema di ricotta.

Spolverate con pepe nero e guarnite con qualche fiore di lavanda. Se la volete a forma di coppa pasta come la mia, potete usare dei coppa pasta, oppure, se non avete i coppa pasta, preparateli piegando un foglio di alluminio e avvolgendolo intorno a un barattolo; lasciate riposare la pasta all'interno per due o tre minuti e quando tirerete fuori la coppa pasta, sarà una magia.

Spaghetti alle vongole
di "lavanda"

Ingredienti per 4 persone

- 400 g di spaghetti,
- 400 g di vongole fresche,
- un porro,
- 2 spicchi d'aglio,

- prezzemolo fresco q.b.,
- fiori secchi di lavanda q.b.,
- olio extravergine d'oliva q.b.

Preparazione

Pulire i porri, eliminare le parti esterne, tagliarli a fettine molto sottili e farli soffriggere in una padella antiaderente un po' più grande con olio extravergine d'oliva e 2 spicchi d'aglio (con la buccia). Quando i porri sono rosolati, aggiungere le vongole. Aggiungere le vongole, coprire con un coperchio e cuocere finché le vongole non si aprono. Trascorso il tempo necessario, aprire il coperchio, togliere i gusci da ogni vongola, e mettere le vongole piccole nella padella con il sugo e il liquido di cottura. Cuocere gli spaghetti in abbondante acqua salata, scolarli al dente e finirli con le vongole in una padella antiaderente per farli insaporire. Per una pasta più cremosa, aggiungere panna e aggiungere alla padella una piccola quantità di acqua di cottura degli spaghetti. Infine, spegnere il fuoco e cospargere gli spaghetti con prezzemolo fresco tritato, fiori di lavanda essiccati e olio extravergine di oliva. Servire caldi. In alternativa, aggiungere pomodori pelati, privati dei semi e tagliati a spicchi. In questo caso, si consiglia di aumentare, anche di poco, la quantità di fiori essiccati delle erbe aromatiche.

Minestra

di lavanda

Ingredienti per 4 persone

- 300 g di patate,
- una cipolla bianca,
- 1 l di brodo vegetale,
- 320 g di pasta tipo ditali,
- fiori di lavanda q.b.,

- burro q.b.,
- formaggio grattugiato q.b.,
- sale q.b

Preparazione

Mettete le patate sbucciate e tagliate a cubetti in una casseruola dal fondo pesante e aggiungete la cipolla sbucciata e tritata e circa 1 litro del brodo vegetale precedentemente preparato.

Cuocere a fuoco lento per circa 1 ora, finché le patate sono tenere e il brodo si è ridotto.

Togliere quindi la padella dal fuoco e condire con un generoso pizzico di burro e 2 cucchiai di formaggio grattugiato.

Nel frattempo, cuocere la pasta in una padella a parte in abbondante acqua salata, scolarla quando è cotta e condirla con un po' di burro e fiori di lavanda.

Infine, aggiungere la pasta alla zuppa di patate, salare, guarnire con altro formaggio grattugiato e servire caldo.

I secondi

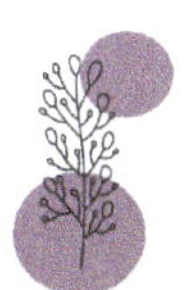

Le ricette di Lavanda

Pollo al timo, lavanda e rosmarino

Ingredienti per 4 persone

- 8 pezzi di pollo
- 1 cipolla
- un bicchiere di vino bianco
- 350 ml di brodo di pollo
- 3 rametti di fiori di lavanda freschi
- 5 rametti di timo
- 3 rametti di rosmarino
- sale
- pepe
- olio extravergine di oliva

Preparazione

Scaldare un po' di olio e un po' di burro in una padella alta. Rosolare il pollo da entrambi i lati. Togliere il pollo dalla padella e metterlo da parte. Rosolare gli scalogni, tagliati a pezzi grandi, nel grasso del pollo. Una volta rosolati, toglierli dalla padella e metterli da parte. Aggiungere 2 cucchiai di farina al grasso della padella e far rosolare per 1 minuto. Versare il vino e il brodo nella padella e mescolare accuratamente per evitare grumi. Salare e pepare, aggiungere il timo, la lavanda, la scorza d'arancia e il succo. Rimettere il pollo e gli scalogni nella salsa, coprire e cuocere a fuoco lento per circa 30 minuti fino a quando il pollo sarà tenero. Servire con il purè di patate fatto in casa.

Sgombri marinati alla lavanda e melanzana fumé

Ingredienti per 6 persone

- 3 sgombri
- 1 melanzana
- 40 g aceto bianco
- zucchero
- alloro
- farina
- fiori di lavanda secchi

- aceto balsamico
- pepe nero in grani
- pepe rosa
- olio di arachide
- olio extravergine d'oliva q.b.
- sale q.b.

Preparazione

Per la ricetta dello sgombro con marinata alla lavanda e melanzane affumicate, cuocere le melanzane sul fuoco, girandole per 10', quindi premere con uno spiedino o una forchetta per farle abbrustolire: la buccia risulterà affumicata durante la cottura. Disporre le melanzane su una teglia rivestita di carta da forno e infornare a 200°C per 15 minuti. Poi mettetele a riposare in una ciotola ricoperta di pellicola. Preparare la marinata facendo bollire 400 g di acqua con aceto bianco, 1 cucchiaino di sale, mezzo cucchiaino di zucchero, 2 foglie di alloro, 10 grani di pepe nero e 1 cucchiaino di fiori di lavanda Portare a ebollizione per 2 minuti e spegnere il fuoco. Sfilettare lo sgombro senza togliere la pelle e tagliare ogni pezzo in tre parti. Rosolare gli sgombri tagliati a fettine sottili in una padella infarinata con 100 g di olio di arachidi. Scolare, immergere nella marinata e lasciare riposare per 10 minuti. Sbucciare le melanzane e tagliare la polpa in 6 pezzi. Scolare i filetti di sgombro dalla marinata e servirli con le melanzane affumicate. Mescolare un po' di olio extravergine di oliva con la salsa di melanzane, l'aceto balsamico e i grani di pepe rosa e condire con questa emulsione.

Arrosto di maiale

alla lavanda

Ingredienti per 6 persone

- 600 g di filetto di maiale,
- una cipolla piccola,
- un bicchiere di vino bianco,
- ½ bicchiere di latte,
- un cucchiaino di farina 00,
- un cucchiaio di fiori di lavanda secchi,
- 2 rametti di timo,
- brodo vegetale q.b.,
- olio extravergine d'oliva q.b.,
- sale grosso q.b.,
- pepe nero in grani q.b.

Preparazione

Spennellare i pezzi di carne con olio d'oliva, strofinarli con sale grosso e pepe nero e farli rosolare da entrambi i lati in una padella calda con un po' di olio d'oliva. Quando la carne di maiale è ben rosolata, toglierla dalla padella e trasferirla in un piatto, coprirla e conservarla. Aggiungere l'olio d'oliva, i fiori di lavanda, il timo, la cipolla sbucciata e tagliata finemente nella padella in cui è stata cotta la carne e scaldare a fuoco basso. Aggiungere il vino bianco e lasciarlo evaporare, aumentando leggermente la fiamma. Mettere l'arrosto (cotto separatamente) in una teglia abbastanza grande, coprire con il fondo appena preparato e cuocere in forno preriscaldato a 180°C per circa 15 minuti, aggiungendo un po' di brodo vegetale cotto se il liquido di cottura sembra troppo denso. Cuocere per altri 20 minuti. Infine, togliere dal forno, trasferire la carne in un piatto, mescolare con un mixer e versare il liquido di cottura, addensato con un po' di latte e farina. Come addensante per salse e condimenti, affettare l'arrosto e servirlo con patate al forno. Questa ricetta è ideale anche per un arrosto di vitello servito con un'insalata di verdure miste e verdure grigliate di stagione.

Soufflé di spinacino con crema di patate e crumble alla lavanda

Ingredienti per 6 persone

- 50 gr spinacini
- 40 gr burro
- 80 gr farina
- 200 ml latte intero
- 50 gr panna fresca
- 3 tuorli d'uovo
- 3 albumi d'uovo

Per il Crumble

- 30 gr pane grattugiato
- 10 gr burro
- 10 gr farina
- q.b. olio di oliva extravergine
- 2 gr lavanda essiccata

Preparazione

Per lo sformato, frullare gli spinaci fritti in acqua salata e unirli agli altri ingredienti (albumi sbattuti, tuorli, panna, latte, sale e un po' di pepe e parmigiano). Accendete gli stampini e infornate in padella a 160° per 20 minuti. Per il crumble: impastare pangrattato, burro, farina e lavanda essiccata, infornare. Mescolare le patate viola cotte in acqua salata e un filo d'olio. Infine impiattare con la crema di patate viola calda viola, adagiare al centro il soufflé di spinaci e spolverare con il crumble alla lavanda.

Il passaggio principale di questa ricetta è il crumble. Basta mescolare insieme pangrattato, farina, burro e lavanda essiccata. Non usarne troppa o il sapore intenso della lavanda prevarrà e oscurerà il sapore delicato della pasta frolla.

Se non riesci a trovare la lavanda già essiccata al supermercato, puoi crearne una tua. Mettere i fiori schiacciati in forno a 130 gradi per 15 minuti.

Uova strapazzate
ai fiori di lavanda

Ingredienti per 4 persone

- 400g latte
- 200 g pecorino mezzano
- 8 uova
- uno scalogno
- un mazzo di cicorino
- f iori di lavanda (freschi o essiccati)

- olio extravergine d' oliva q.b.
- sale q.b.
- pepe q.b.

Preparazione

Tagliare a metà gli scalogni e si mettono in un pentolino con il latte. Riscaldare la padella e ridurre della metà il latte. Spegnere, togliere dal fuoco e lasciare raffreddare completamente prima di filtrare. Grattugiare il pecorino mezzano con una grattugia a fori larghi. accantonare. Sbattere le uova in una ciotola e aggiungere 1 cucchiaino di fiori di lavanda. Unite il latte freddo alle uova e montate ancora fino ad ottenere un composto omogeneo.Scaldate una padella antiaderente unta, versate il composto di uova e latte, fatelo bollire per un po', poi con una spatola alzate il fondo e fatelo scivolare l'altro lato della padella. Dopo alcuni minuti, togliere la padella dal fornello. Il calore residuo termina il processo di cottura. La padella ideale per cuocere insieme le uova dovrebbe avere un diametro di 24-26 cm. in due turni. Ultimare con uova strapazzate con cicoria tritata, formaggio grattugiato e un pizzico

Dessert

Muffin alla lavanda	106
Panna cotta alla lavanda	107
Plumcake lavanda e limone	108
Torta alla lavanda	109
Tiramisù alla lavanda	110

Le ricette di Lavanda

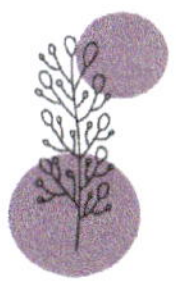

Muffin
alla lavanda

Ingredienti

- 2 cucchiai di fiori essiccati di lavanda
- ½ bustina di lievito
- 2 uova
- 200 g di farina

- 90 g di zucchero
- 100 ml di latte
- 50 g di burro

Preparazione

Versa il latte e i fiori di lavanda in un pentolino, portali ad ebollizione e poi lascia riposare.

In una terrina miscela lo zucchero, la farina e il lievito;

in un'altra amalgama le uova, il burro e il latte con i fiori di lavanda e infine unisci i due composti per riempire i pirottini dei muffin.

Riponi in forno per 25 minuti a 180°.

Panna cotta
alla lavanda

Ingredienti

- 400 g di panna fresca
- 100 ml di yogurt bianco magro
- 200 g di zucchero a velo
- 5 fogli di colla di pesce
- 100 g di zucchero semolato
- 15 fiori di lavanda

Preparazione

Per prima cosa mettete la pentola sul fuoco, aggiungete i fiori di lavanda e fate cuocere a fuoco basso per 2 minuti. Quindi aggiungere lo zucchero a velo e mescolare bene per scioglierlo. Spegnete il fuoco e filtrate con un colino per eliminare i fiori di lavanda. Sciogliere la colla di pesce in 2 cucchiai di latte e aggiungere con cura alla panna. Procuratevi un pratico pirottino per muffin in alluminio o silicone e spalmate all'interno lo zucchero semolato. Far caramellare in forno per qualche minuto, quindi versare il composto precedentemente preparato. Mettete la coppa in frigorifero e lasciate riposare per qualche ora. Modellare la coppa, decorare la panna cotta alla lavanda con fiori freschi di lavanda e servire con salsa al caramello a piacere.

Plumcake
lavanda e limone

Ingredienti

- 230 g di farina 00
- ½ bustina di lievito
- 4 uova
- 200 g di burro
- 200 g di zucchero
- scorza grattugiata di 2 limoni

- 3 cucchiai di fiori di lavanda essiccati
- 1 fialetta di Aroma Limone
- 200 g di Zucchero al Velo
- 4 cucchiai di succo di limone

Preparazione

Per il plumcake sciogliere il burro nel microonde o a bagnomaria e aggiungere 2 cucchiai di fiori di lavanda essiccati. Mescolare con un cucchiaio e lasciare per 20 minuti. In una ciotola sbattete le uova e lo zucchero, aggiungete il burro fuso aromatizzato e filtrate con un colino fine per eliminare i fiori di lavanda. Unire la scorza di limone grattugiata e l'aroma filetto di limone e mescolare con una frusta elettrica. Infine mescolate la farina e il lievito setacciati con un cucchiaio di fiori di lavanda essiccati. Amalgamate con una frusta e versate negli stampini da pane precedentemente imburrati e infarinati. Cuocete in forno a 180°C per circa 45 minuti e fate sempre la prova stecchino prima di sfornare.

Raffreddare a temperatura ambiente. Quando è freddo, posizionalo su una gratella posizionata su silicone o carta da forno.

Preparare la glassa: unire lo zucchero a velo e il succo di limone fino a ottenere un composto liscio e uniforme. Versate la glassa nello stampo da plumcake avendo cura di ricoprire tutti i lati con una spatola. Decorare la superficie con fiori di lavanda essiccati e attendere che la glassa si indurisca prima di servire.

Torta di mele
e lavanda

Ingredienti

- 180 gr di burro
- 2 mele
- 4 uova
- 280 gr farina
- 1 bustina di lievito per dolci
- 2 cucchiai di latte

- 120 gr di zucchero
- 1 bustina di vanillina
- 3 cucchiaini di fiori di lavanda essiccati

Preparazione

Sciogliete il burro a bagnomaria, aggiungete le foglie di lavanda essiccate e lasciate riposare per 10-15 minuti. Nel frattempo, sbattere le uova con lo zucchero in una ciotola fino a renderle spumose.

Aggiungere gradualmente la farina, il lievito e la vanillina al composto di uova e zucchero e continuare a mescolare, sbucciare, togliere il torsolo e tagliare le mele a pezzetti, aggiungere il latte e mescolare. Filtrate il burro dalla lavanda e aggiungetelo al composto insieme ad un altro cucchiaino di fiori di lavanda. Ungere uno stampo da plumcake con olio, spolverarlo di farina, versarvi l'impasto e cuocere in forno a 180°C per 40 minuti. Lascia raffreddare la torta alla lavanda prima di affettarla e, se hai un debole per i dolci, guarniscila con panna montata.

Tiramisù
alla lavanda

Ingredienti

- 250 g di mascarpone,
- 2 uova,
- 20 biscotti savoiardi,
- 10 cucchiai di sciroppo alla lavanda,
- 50 g di cacao in polvere,
- acqua q.b.,
- fiori secchi di lavanda q.b

Preparazione

Separate tuorli e albumi e metteteli entrambi in due ciotole separate. Poi montate i tuorli con le fruste elettriche per 5, fino a ottenere 1 cucchiaio di sciroppo di lavanda omogeneo. Quindi aggiungere il mascarpone e ricominciare tutto da capo. Aggiungere gli albumi montati a neve e mescolare dall'alto al basso. Diluire in un piatto fondo altri 5 cucchiai di sciroppo di lavanda con poca acqua. Alla fine stendetela in una pentola capiente Successivamente fare uno strato di savoiardi inumiditi con liquido sciroppo alla lavanda, uno strato di panna e cacao in polvere, meglio se zuccherato, ma va bene anche quello amaro. Continua questo metodo fino a quando gli ingredienti sono pronti. Guarnire con fiori di lavanda essiccati. Mettere in frigo almeno 4 ore prima di servire.

Cocktail

Le ricette di Lavanda

Tom Collins
alla lavanda

Ingredienti

- 30 cl Gin
- 14 cl sciroppo di zucchero liquido aromatizzato alla lavanda
- 30 cl di succo di limone
- 30 cl soda ghiacciata
- un bel mazzo di lavanda fresco

Per lo sciroppo aromatizzato

- 20 gr fiori di lavanda fresca
- 200 gr di zucchero bianco
- 200 ml di acqua

Preparazione

Preparazione dello sciroppo di lavanda

Utilizzare sempre lavanda fresca per conferire allo sciroppo un aroma fresco e avvolgente. È consigliabile sciacquare bene i fiori e poi asciugarli leggermente. Riempire una pentola con 200 ml di acqua, metterla sul fuoco e portarla a ebollizione, successivamente aggiungete lo zucchero e mescolate lentamente finché lo zucchero non si è sciolto. Aggiungete i fiori di lavanda e fate sobbollire per 10 minuti, mescolando di tanto in tanto. Spegnere il fuoco e mettere il coperchio. Lasciare raffreddare e filtrare il liquido. Si conserva in frigorifero per almeno una settimana.

Preparazione del Tom Collins alla lavanda

Prendere quattro limoni succosi e spremerli bene. Mettere il gin (o il gin aromatizzato), il succo di limone e lo sciroppo di lavanda in una brocca. Mescolare bene in modo che tutti gli ingredienti siano ben amalgamati. Aggiungere quindi il ghiaccio, il bicarbonato di sodio e i fiori di lavanda. Mescolare delicatamente e versare in un bicchiere precedentemente raffreddato.

Spritz

alla lavanda

Ingredienti

- 70 cl Prosecco
- 15 cl Saint German
- 5 cl liquore alla violetta

- 10 cl soda
- un bel mazzo di lavanda fresca

Preparazione

Per preparare il tuo spritz, devi prima dosare tutti gli ingredienti liquidi. Iniziare versando il Prosecco (che va servito possibilmente ghiacciato), quindi aggiungere uno alla volta i liquori alla violetta Saint-German e Monin e terminare con una bibita ghiacciata. , mescolare più appassionatamente con uno scoop o un cucchiaio da bar. A questo punto prelevate qualche fiore di lavanda e aggiungetelo alla caraffa, servite freddo e guarnite con fettine di limone e lavanda.

Aperitivo

alla lavanda

Ingredienti

- un limone
- un pompelmo
- un cucchiaino di zucchero di canna
- una manciata di fiori di lavanda essiccati

- foglie di menta
- gin o rum

Preparazione

Per prima cosa, spremete il limone e il pompelmo per ottenere il succo. Quindi utilizzare un pestello (o un cucchiaio) per ammorbidire lo zucchero di canna e le foglie di menta, imitando una preparazione del mojito. Aggiungere il gin o il rum, il succo di limone e pompelmo al composto di menta e zucchero e mescolare per amalgamare tutti gli ingredienti. Infine aggiungete una manciata di fiori di lavanda e lasciate riposare qualche minuto per far sviluppare il sapore.A piacere aggiungete cubetti di ghiaccio, altre foglie di menta e fiori di lavanda per guarnire l'aperitivo.

Negroni di lavanda

Ingredienti

- 30 ml Tanqueray Gin alla rosa Bulgara;
- 30 ml Amer Picon Vermouth rosso;
- 30 ml Campari Bitter;
- 2 dash bitter alla lavanda.
- Lemon peel, boccioli di rose.

Preparazione

Mettere tutti gli ingredienti in un mixing glass con ghiaccio e agitare alcune volte usando un cucchiaio da bar per mantenere la bevanda ben fredda.

Quindi filtrare in un tumbler basso a piacere e aggiungere ghiaccio. Completo di decorazioni abbinate.

Limonata
alla lavanda

Ingredienti

- 2 o 3 limoni non trattati
- 2 cucchiai di zucchero semolato
- 2 rametti di rosmarino
- 1 cucchiaino di fiori di lavanda essiccati
- 1 lt di acqua minerale
- ghiaccio q.b.

Preparazione

Per prima cosa lavate bene i limoni, spremeteli e setacciatene il succo. Mettete in un pentolino il succo di limone con lo zucchero, il rosmarino lavato e asciugato e la scorza di limone. Sciogliete lo zucchero sul fuoco, spegnete il fuoco, aggiungete la lavanda, coprite e lasciate riposare per qualche ora. Quindi, facoltativamente filtrato attraverso una garza, aggiungi la quantità specificata di acqua e, se lo desideri, ghiaccio

La via della Lavanda

SCOPRIAMO I CAMPI DI
LAVANDA PIÙ BELLI DA VEDERE

IN ITALIA, IN EUROPA
E NEL RESTO DEL MONDO

Italia

Quando pensiamo ai campi di lavanda, pensiamo subito alla Provenza e immaginiamo infinite distese viola dove perderci a sognare come in un meraviglioso mondo fiabesco. Niente è paragonabile alla loro magnificenza, ma anche in Italia i campi di lavanda regalano emozioni intense e paesaggi mozzafiato per alcuni scatti molto "instagrammabili".

Se sei riluttante a recarti in Provenza quest'anno, non disperare. In molte zone e regioni della bellissima penisola è possibile vedere la lavanda in piena fioritura. È importante capire i tempi di fioritura che variano da regione a regione a seconda del clima e dell'altitudine. Dopo aver scelto la tua destinazione, visita nel periodo migliore della stagione per vedere la lavanda in piena fioritura. Fiori di lavanda italiani

Con il suo profumo inebriante e immediatamente riconoscibile e gli intensi toni viola e lilla, la lavanda è la regina dell'estate italiana, un fiore che conquista tutti i cuori con la sua bellezza e forza. Se c'è un momento che gli amanti della Provenza stavano aspettando, è sicuramente la fioritura della lavanda in Italia. I primi fiori si possono vedere all'inizio di giugno e gli ultimi campi all'inizio di agosto. Per questo motivo la lavanda italiana fiorisce generalmente da giugno ad agosto, che è il culmine dell'estate.

Piemonte

Il Piemonte è una regione d'Italia dove la lavanda è nativa e coltivata con amore. L'area più concentrata è la provincia di Cuneo. Alle Sale San Giovanni il verde delle Langhe si fonde con il viola dei campi di lavanda per creare un paesaggio mozzafiato. Poco distante da Milano, la città, famosa soprattutto tra gli amanti del genere, ospita ogni anno un evento a tema durante la fioritura della lavanda ed è stata ribattezzata 'Piccola Provenza piemontese'. La strada di accesso sarà chiusa al traffico fino al 5 luglio ed è raggiungibile solo a piedi, quindi è consigliabile armarsi di borraccia, foto Polaroid, cappello di paglia e scarpe comode. Ogni anno la prima domenica di luglio il Col di Nava ospita la Festa della Lavanda. Vengono organizzati diversi eventi a tema e vengono distribuiti ai passanti mazzi di fiori di lavanda gratuiti. Non dimenticare il Museo della Lavanda Carpacio. Da inizio giugno a metà luglio, sempre in Piemonte, si possono ammirare distese di lillà, lillà, lillà e azzurri in altre località, come Vallastura presso Demonte (il punto più spettacolare è la Route 21 16 km di linea). , tra Borgo San Darmazzo e Colle della Maddalena). La lavanda cresce spontaneamente in questa zona ed è stata una delle principali risorse economiche per la popolazione tra la fine del XVIII e l'inizio del XX secolo.

Liguria

I campi di lavanda più estesi si trovano nella regione delle Alpi Mistica, nel Sanremese della provincia di Imperia. Per gli amanti delle escursioni nella natura si consiglia il cosiddetto anello Traggio Pietravecchia in contrada Pietrabuna. Questa zona ha campi di lavanda sullo sfondo delle Alpi da un lato e il mare lontano dall'altro. La lavanda è originaria della regione alpina del mare nelle valli del Nervia e del Tanaro in Argentina. In Provenza questa varietà è chiamata 'Lavande Vraie' ed è la varietà più pregiata utilizzata in profumeria.

Lombardia

In alcune frazioni dell'Oltrepo pavese la prima settimana di luglio è lavanda. Gli stessi produttori locali organizzano visite guidate (solo su prenotazione). La collina di Godiasco è una vera attrazione turistica per i suoi campi di bulbi. Ci sono due aree interessanti per ammirare le fioriture della lavanda in Lombardia: Cascina Costanza e Cascina Torretta. Poi ci sono i bellissimi campi di lavanderia dell'azienda agricola Stolfi a San Giacomo delle Segnate, in provincia di Mantova. Ci sono innumerevoli altri campi di lavanda in Lombardia, ma sappiate che sono proprietà privata e non possono essere visitati nemmeno per la fotografia.

Friuli Venezia Giulia

Fino al 2018 Venzone è stata una delle mete più ambite dagli amanti della Provenza. Lì, oltre ai campi per fotografare e ammirare, c'era anche la vendita dei prodotti finiti, oltre a un intero edificio chiamato Palazzo della Lavanda, che organizzava visite guidate. Ogni anno qui si tiene una festa della lavanda. Non quest'anno, ma non è chiaro se Venzone tornerà in futuro.

Veneto

Se la tua destinazione è il Veneto, devi andare nel Delta del Po per vedere la fioritura della lavanda. Nel 2019, una famiglia veneziana, i Macielos, ha deciso di utilizzare i propri campi di grano per coltivare la lavanda. Oggi molte persone vengono in Camero per godersi il paesaggio dei fiori lilla, soprattutto grazie al passaparola. Fino a pochi anni fa i campi di lavanda del Veneto erano sconosciuti, ma grazie al Governatore Zaia hanno acquisito una certa notorietà. Si consiglia di inserire le coordinate GPS.

Emilia-Romagna

Per vedere la lavanda in fiore bisogna recarsi a Casola Valsenio, la cosiddetta 'Città Dimenticata delle Erbe e dei Frutti', vicino a Ravenna. Qui la lavanda cresce in cattività e si possono ammirare fino a 20 varietà di questa pianta. Il giorno perfetto per questo è la Purple Night o Lavender Day, una giornata speciale dedicata a questa magnifica pianta, che culmina nella celebrazione delle spighe di lavanda.

Toscana

Pochi sanno che la terra del Chianti è famosa non solo per i suoi meravigliosi vini, ma anche per la sua profumata lavanda. Il primo posto che vi consigliamo è Casalvento di Cerreto Guidi, dove la lavanda viene coltivata con metodo biologico, ponendo le basi per il romanzo Blue Passion, un'avvincente storia d'amore che inizia nei campi di lavanda blu della Toscana. Il secondo indirizzo è Casa Mazzei sulla collina di Fonterutoli. Al centro della Maremma si trova il piccolo borgo di Civitella Marittima, noto per i suoi campi di fiori viola.

Lazio

A un'ora e mezza da Roma, la provincia di Viterbo è la "piccola Provenza" della Toscana. Ogni anno la Proloco organizza visite guidate e passeggiate al tramonto per ammirare gli sconfinati campi viola. Se vuoi vedere il bellissimo monastero circondato da campi di lavanda, devi impostare il tuo dispositivo di navigazione su Abbazia di San Giusto.

Umbria

Da non perdere una visita al Lavandet di Assisi, nato nel 2010. In programma dal 19 al 20 giugno e dal 3 al 4 Il Festival della lavanda si terrà a luglio, quando fiorisce la lavanda. Insieme alle visite guidate e allo shopping al mercato locale, ci sono corsi pratici di unguento e olio, raccolta di fiori e gare di fotografia e pittura. C'è anche la possibilità di portare un amico a quattro zampe. L'ingresso al campo è gratuito, ma le visite guidate sono a pagamento.

Molise

Il Molise ha anche un angolo di Provenza. Situato a Larino vicino a Campobasso. La lavanda fiorisce più tardi che nel nord Italia, da fine giugno a inizio luglio.

Calabria

Come è noto, il clima del Sud Italia rende i campi di lavanda molto più difficili da trovare. In Calabria, invece, c'è un angolo di Provenza nei pressi di Morano Calabro, nella pianura campotese. Nel Parco Nazionale del Pollino, ammira i fiori di lavanda nel famoso Parco della Lavanda di Rocco. Avrai la possibilità di ammirare una varietà locale chiamata 'Loricanda' e 50 varietà di lavanda.Rispetto al nord e al sud Italia, e quindi alla Calabria, i tempi di fioritura sono diversi e ti consigliamo di andare all'inizio di agosto.

Campania

Nel casertano maxi coltivazione della lavanda in Campania. Girovagando per i seminativi riccamente colorati nelle campagne di Vitulazio, comune del Casertano, troverete un posto meraviglioso per ammirare lo spettacolo del "Mare di Viola". I campi coltivati interamente a lavanda aggiungono profumo all'aria circostante e conferiscono al paesaggio un aspetto leggermente provenzale.

Provenza e resto del Mondo

Francia - Provenza

Le Gole del Verdon sono le più grandi gole d'Europa e si estendono per oltre 25 km. Ci sono molti posti dove fermarsi e scattare foto panoramiche e, sebbene il percorso sia breve, richiede un tempo enorme. Prendetevi tutto il tempo necessario per godervi i sentieri e il paesaggio, fare escursioni, praticare sport acquatici sul fiume o fare un tuffo nello scintillante lago di Saint Croix. Mustier Sainte Marie2 è un pittoresco villaggio incastonato tra due creste di montagna, dove una stella d'oro brilla tra le due creste, sospesa su un filo che collega i pinnacoli rocciosi. Il villaggio, con il suo ruscello che gorgoglia, è pieno di fascino, con piccoli negozi di artigianato che vendono ceramiche colorate e accoglienti bistrot che servono specialità locali.

Ci sono anche soleggiati campi di lavanda di montagna vicino a Mustier Sainte Marie, dove il panorama montano lo rende ancora più attraente. L'altopiano di Valenceur merita una visita. Qui si concentra la maggior parte della produzione di lavanda della Provenza. Tra queste strade, potrete ammirare gli incantevoli paesaggi viola che avete sempre sognato. La lavanda è bella ovunque in Provenza, ma è qui che si trovano gli scorci più Instagrammabili, i campi più fotogenici e gli angoli più colorati e pittoreschi. La quantità di tempo da dedicare a questa zona è molto soggettiva e dipende in gran parte dal numero di giorni di viaggio. Si può fare un giro per le strade solo per scattare foto, oppure si può dedicare una giornata a scattare foto ponderate, a passeggiare tra i campi di lavanda e ad assaporare i tramonti colorati.

Potete anche visitare una distilleria, partecipare a un festival della lavanda, esplorare i prodotti tipici a base di lavanda o visitare la pittoresca cittadina di Riez. Da Valensole verso nord, vasti campi di lavanda si estendono sull'altopiano di Albion tra Rayonne e Bannon e tra Bannon e Saut.7 In effetti, Saut è considerata la capitale della lavanda del Paese dopo Valensole, con oltre 100 varietà di lavanda che vi crescono. I campi di lavanda creano un meraviglioso contrasto con il giallo dei campi di grano e il verde scuro dei boschi di querce. Merita una sosta anche il villaggio medievale di Simian-la-Rotonde8, circondato da campi di lavanda e lavandino.

Il villaggio di Bonnieux, situato sul Plateau de Boux, incorniciato da pianure ricoperte di lavanda e da una vista mozzafiato sul Mont Ventoux, è davvero incantevole. Tra Bonnieux e Saignon si trova l'altopiano di Claparade, un meraviglioso crocevia circondato dalla lavanda, dove la distilleria Agnel, fondata nel 1895, distilla foglie di cipresso, rosmarino e, naturalmente, lavanda. La zona è tipicamente provenzale, con villaggi pittoreschi e affascinanti come Lourmarin, Lacoste, Cuchron, e Lagarde d'Apte. Se potete dedicare anche solo un giorno, dovete assolutamente inserirli nel vostro itinerario. Dal viola intenso della lavanda al rosso fuoco del Sentiero delle ocre di Roussillon: dopo aver visitato il villaggio di Roussillon, si può percorrere un sentiero che attraversa cave gialle, rosse e arancioni circondate da una foresta di aghifoglie.

Più avanti si trova il monastero di Senanc, una delle immagini più tipiche della fioritura della lavanda in Provenza. L'edificio non può essere visitato, ma si possono scattare bellissime fotografie dall'alto della recinzione. La strada conduce anche a Gordes, uno dei villaggi più affascinanti e spettacolari della Provenza, che affascina i visitatori. A pochi chilometri di distanza si trovano due incantevoli villaggi che incarnano l'essenza del fascino della Provenza, con i loro canali spumeggianti, i mercati colorati, le piazzette ombreggiate e le case antiche. Fontaine de Vaucluse è il villaggio in cui il poeta Petrarca si ispirò per la famosa poesia "Chiare, fresche e dolci acque" osservando lo scorrere del fiume Sorgue durante il suo soggiorno. Da non perdere anche il mercato galleggiante di Lille-sur-la-Sorgue, un incantevole villaggio con canali pittoreschi che si illuminano nelle fresche serate estive. Se avete più tempo a disposizione, visitate Le Château du Bois Provence, con il suo bellissimo museo della lavanda e gli impianti di produzione.

Questo borgo medievale, arroccato su una collina rocciosa circondata dalla macchia mediterranea, è davvero spettacolare. Questo borgo medievale, arroccato su una collina rocciosa circondata dalla macchia mediterranea, è davvero spettacolare. L'itinerario prosegue verso nord, visitando prima Avignone, città papale di grande importanza culturale. Con il fiume Rodano che la attraversa, gli hotel caratteristici, i vicoli tortuosi e i piccoli angoli pittoreschi, Avignone è una città di negozi tipici e artisti di strada colorati, con il favoloso Palazzo Pap al centro. Poi, dirigetevi verso Orange18, dove si trova l'anfiteatro romano meglio conservato d'Europa. Proseguite per Vaison-la-Romaine, con la sua facciata medievale, per Sisteron, con la sua fortezza e le sue montagne svettanti, per Digne-les-Bains e poi attraversate la regione montuosa della Baronia. Percorrendo la valle, i campi di lavanda, che si estendono fino a 1.300 metri sul livello del mare, offrono uno spettacolo unico e speciale. Situata tra le culture delle Alpi e della Provenza, la regione della Baronia si estende su un massiccio montuoso a cavallo tra la Drôme e le Haute-Alpes. Natura incontaminata, paesaggi unici, un ricco patrimonio architettonico, geologia e biodiversità: questa terra eccezionale ha molto da offrire.

Resto del Mondo

Volete vedere i campi di lavanda ma volete allontanarvi dai campi della Provenza francese? Ecco alcuni campi di lavanda degni di nota in tutto il mondo.

Shasta Lavender Fields, Montague, California, USA

Un panorama mozzafiato, aperto da giugno ad agosto per la raccolta della lavanda e i picnic.

Banstead (Regno Unito)

A meno di 13 miglia dal centro di Londra, questa fattoria a conduzione familiare è famosa per l'aria fresca e per i numerosi fotografi di matrimonio che vi trovano lo sfondo perfetto. A metà luglio la fattoria ospita un festival della lavanda con danzatori e altri intrattenitori.

Pechino, Cina

La lavanda ha un'immagine romantica in Cina. La fattoria Bruce Dreamland di Pechino, considerata un'opportunità commerciale, possiede circa 20 ettari di campi di lavanda, che la rendono un luogo unico per tutti gli amanti della lavanda.

Warratina Farm, Victoria, Australia

A un'ora di auto da Melbourne, nella Yarra Valley, questa fattoria a conduzione familiare offre passeggiate tra i campi di lavanda.